JN059691

寺山千代子 著

自閉スペクトラム児・者への支援六〇年

障がい者の特性を活かした人生に寄りそって

東信堂

はじめに

　本書のきっかけとなったのは、私が小学校特殊学級の担任のころ、受け持ったＮ子さんの母親の電話だった。「Ｎ子が定年まで会社で働いたこと、その後も再雇用してもらっている」という母親の報告に私は驚きと喜びに胸が一杯になった。障がいにめげず定年まで勤め抜いたＮ子さん、Ｎ子さんの小学校入学後に夫を亡くしながらも自閉症のＮ子さんを支え続けた母親、障がい者としての幾多の困難を乗り越え、共に歩んだ二人の人生に深い感銘を覚えた。とともに「自閉症児でもここまでやれるんだ」という自閉症の未来に明るい希望を感じた。

　そしてかつて私が国立久里浜養護学校で担任した子どもたちや保護者、国立特殊教育総合研究所や学会の事務局で出会った親子さん達のことに思いを馳せた。

　早い子は、もう壮年期に入っており、その子を支えていた両親たちは高齢期に入っているはず、果たして健在だろうか、子どもたちの学校卒業後の動静や近況を知りたいと思った。電話をしたり、時には直接赴いたりした。そして本書を執筆する気持ちになった。いや、執筆せずにはいられない気持ちになった。これが、五十数年長きにわたり自閉症児・者の指導と研究に携わってきた私の人生が与えた使命だと思えた。

　実は、私の自閉症の研究のきっかけは、Ｎ子さんたちとの出会いにあり、私の自閉症研究の人生のスタートであった。爾来、私は国立久里浜養護学校、国立特殊教育総合研究所（現、国立特別支援教育総

合研究所、以下特総研）、植草短期大学に勤務し、退職後は、日本自閉症スペクトラム学会を立ち上げ、その後事務局に勤務し 55 年間自閉症の研究に携わってきた。まさに、N 子さん達との運命的な出会いは、私の自閉症研究のきっかけでもあり、本書執筆のきっかけになった。

　近年、日本の障がい児の教育は、特殊教育から、特別支援教育へと短期間に大転換した。

　平成 16（2004）年 1 月（文部科学省）から、小・中学校における LD（学習障がい）、ADHD（注意欠陥／多動性障がい）、高機能自閉症の児童生徒の教育支援体制の整備のためのガイドライン（試案）が出され、平成 17 年 4 月 1 日、その指導体制のもと都道府県で本格的に特別支援教育が試行された。平成 19 年 4 月から特別支援教育が実施（平成18 年 3 月学校教育法等改正）に移され、特殊教育から特別支援教育へとなり、盲・聾・養護学校は特別支援学校に、特殊学級は特別支援学級になった。

　障がいのある児童生徒の個に応じた個別指導計画が作成され、具体的に一人ひとりのニーズに応じた指導が実施されるようになった。

　ようやく障がい児の教育の中でも、長い間置き去りにされ、立ち遅れた自閉症の児童生徒の支援の教育がすすめられるようになったのである。しかし、それは、明治時代以来の近代的な学校教育の歴史から見ても歴史も浅く、やっと緒についたばかりでまだまだ、その入り口といってもいい。

　以来今日まで 17 年経過している。この新しい支援特別支援教育を受けた子どもたちは今、学校を巣立ち実社会に出て、早い子どもたちは青年期を迎えている。

　しかし、家庭や学校現場では多くの戸惑いや混乱から多くの難問

が頻出している。

　子どもたちから多くの不安や悩みの相談が寄せられている。その中でも一番多くの聞かれる最大のこころ悩ます重い問題は、義務教育後の「先の見えない将来」への不安である。

　進学するか、就職するか、はたして障がいを受け入れてくれる適した学校や職場があるか。

　配偶者を見つけて結婚できるか、親が亡くなった後取り残される子どもの将来の不安は深刻である。義務教育までは親子で何とか凌いできたが、義務教育後の未来が見えない。

　進学する場合、全日制の高校へ行くのか、障がいの実態を考え、定時制高校か通信制高校へ行くのか、障がい者として特別支援学校の高等部を選ぶか、どこの高校を志望するか。

　はたして全日制の高校に入ったとしても、差別をなくする理解や指導体制・配慮が十分徹底しているのか。

　就職する場合、日本では障がい者向きの社会施設が少なく入試より困難、一般企業では就職率を積極的に取り入れず消極的であり、狭き門である。しかし、就労したとしても、職場に障がい者が入って職場の人と一緒に働ける環境整備が整っているか、また、障がい者権利条約にある不当な差別をなくする「合理的配慮」があるか、心配である。

　いずれにしても障がい児・者の進路や将来には多くの壁や困難が立ちはだかり、多難な問題が多い。

　今回、本書では、私が研究に携わってきた教育と福祉の分野から、特に障がい児・者の義務教育後の進路・将来の問題を取り上げることにした。

　本書の内容を次のように構成した。

　第1章では、卒業後の進路について、公立の特別支援学校高等部3年生の卒業時の就労状況と、学校法人武蔵野東学園武蔵野東高等専修学校の就労状況調査等を参考に、進路先を調べてみた。武蔵野東高等専修学校は、かつて筆者が勤務していた国立特殊教育総合研究所の研究協力校でもあった。二つを比較してみたが、どちらも就労には力を入れていることがわかった。さらに、実際に社会に出て働いている人たちの姿を紹介した。

　第2章では、第1章で示した「高等部の卒業生の多く（60％前後）が利用しているのが、社会福祉施設の入所・通所であった」ことから、社会福祉施設の利用状況や利用方法等を取り上げた。今後、利用される際の参考になればと思い、施設の紹介をした。

　第3章では、すでに壮年期や老年期を迎えている方について、高齢者になることを考え、生活など総合的に考え、提案している。

　第4章は、我が国の障がい児教育の変遷について触れ、本書の背景を記載した。また、元勤務していた国総研での研究資料等も紹介した。その後私は、「日本自閉症スペクトラム学会」を立ち上げることとなる。

　第5章では、自閉症関係の知っておきたいことがらを取り上げた。その後で、引用文献・参考文献等をまとめた。

　以上のように、自閉スペクトラム児・者、発達障がい児・者、また多くの生きづらさをお持ちの方々やその周辺の方々、地域社会の方々、行政の方々に役立つように、本書の内容を構成したつもりである。

　私は、小学校の特殊学級で初めて自閉症児を担当して以来、国立
久里浜養護学校（現、つくば大学附属特別支援学校）、国立特殊教育総合
研究所（現、特別支援教育総合研究所）、植草短期大学、星槎大学、日本
自閉症スペクトラム学会で指導と研究に関わってきた。その折々に
報告書や論文・書籍にまとめてきたが、本書はその成果であるとと
もに私の人生でもある。

　本書が自閉症者やそれに関わる人たちの未来に幸せと明るい希望
の一端を与えることが出来ればと願っております。

　令和5年5月

　　　　　　　　　　　　　　　　　　　　　　　　寺山千代子

目次／自閉スペクトラム児・者への支援六〇年
——障がい者の特性を活かした人生に寄りそって——

自閉スペクトラム児・者への支援六〇年
——障がい者の特性を活かした人生に寄りそって——

第1部　青年、大人の自閉症・発達障がい者の生活

第1章　進路と自立

　ここでは、中学校、特別支援学校中学部と高等部卒業生と学校法人武蔵野東学園武蔵野東高等専修学校卒業生の資料を参考に、進路の諸問題を取り上げた。就職先として、企業就労と福祉的就労があること、そしてどんなところに働いているのかなども紹介していく。

　また、実際に工場で働いているN子さん、東京タワーで働いているMさん、Tさんの様子も紹介した。自閉スペクトラム者や発達障がい者の仕事への定着のためには定着支援が重要と考えられる。社会に出て働くことは、当事者にとっては充実した毎日で、生きがいを感じているのではないかと思われた。ここで取り上げた武蔵野東学園というのは、混合教育（健常児と自閉症児）で、インクルーシブ教育を実施している。幼稚園・小学校・中学校・高等専修学校・卒業後は、5つのグループホームで支援を受けられるようになっている。インクルーシブとは、「すべてを包括する。みんないっしょ。排除しない。」の意味であり、exclusion（排除する）の反対語が inclusion である。

1. 公立の中学校特別支援学級・特別支援学校高等部の進路

(1) 特別支援学校中学部、高等部の卒業者の進路調査比較

　まず、特別支援学校中学部の状況について令和3(2021)年3月卒業者数を**図1**に示す。

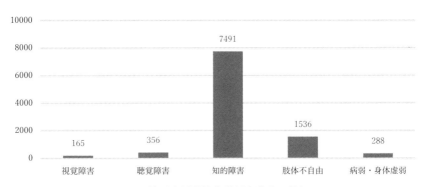

図1　特別支援学校中学部卒業者の状況

学校基本調査より作成

　図1より、特別支援学校中学部の対象者には視覚障がい、聴覚障がい、知的障がい、肢体不自由、病弱・身体虚弱が在籍していることが分かる。

　自閉スペクトラム児の多くは、知的障がいの特別支援学校に在籍していると考えられるので、知的障害特別支援学校の中学部・高等部の人数について比較してみたい。

　まず、知的障害特別支援学校中学部・高等部卒業者の進路をみて
みよう。

中学部卒業者　7,491 人

　　内訳　進学者 7,385 人 (98.6%)、教育訓練機関等入学者 9 人
　　　　　(0.12%)、就職者等 4 人 (0.05%)、社会福祉施設入所・通
　　　　　所者 36 人 (0.5%)、その他 57 人 (0.8%)

続いて以下は、知的障害特別支援学校高等部卒業者について。

高等部卒業者 18,992 人

　　内訳　進学者 67 人 (0.4%)、教育訓練機関等入学者 257 人 (1.4%)、
　　　　　就職者等 6,392 人 (うち臨時労働者を含む) (33.7%)、社会福
　　　　　祉施設入所・通所 11,538 人 (60.8%)、その他 738 人 (3.9%)
　　　　　(いずれの場合も四捨五入のため、各区分率は必ずしも 100%に
　　　　　ならない)　　　　　　　　　　　　　　（学校基本調査より）

　この調査は、令和 3 年 3 月卒業者の分である。この結果からわか
ることとして、特別支援学校中学部の卒業生は進学をするものが
98.6％と大多数を示し、進学先としては、ほとんどが、知的障害特
別支援学校高等部となっている。
　また、特別支援学校中学部の卒業生の数 7,491 人のほかにも高等
部への進学対象者は数多く存在している。これでは、特別支援学
校は生徒が多くなり、空間に (教室、その他) 余裕がなくなってくる。
この解決策として、自閉スペクトラム者や発達障がい者他のための
学びの場を作る必要がある。それは、本人の興味のあるものを学ぶ

学校などである。つまり地域社会で必要としている物を作る、水産、花つくり、など地域でできるような科目があるもので、卒業年数も習得度によって、決められるようにしてはどうかと思う。義務教育後の話ではあるが。多様化の事態に合った学習の場がほしい。特別支援学校の悩みは、急に人数が増加したため、部屋数が足らない状況である。

(2) 特別支援学校高等部の進路先

　特別支援学校高等部の進路先の状況のうち知的障がいのみの内訳を示す。

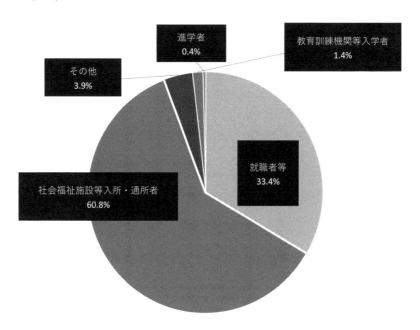

進学者
0.4%

教育訓練機関等入学者
1.4%

その他
3.9%

就職者等
33.4%

社会福祉施設等入所・通所者
60.8%

図2　特別支援学校高等部卒業者 (知的障がい者) の状況

表1　高等部卒業者の状況

令和3年3月

特別支援学校高等部卒業者(知的障がい者)の状況		
社会福祉施設等入所・通所者	11,538 人	60.8%
就職者等	6339 人	33.4%
その他	738 人	3.9%
教育訓練機関等入学者	257 人	1.4%
進学者	67 人	0.4%
合計	18,992 人	100%

図2、表1の進路先の詳細は下記の通りである。

○社会福祉施設等入所・通所者

　児童福祉施設、障害者支援施設等、医療機関

○就職者等

　自営業主等、常用労働者(無期／有期雇用労働者)、臨時労働者

○教育訓練機関等入学者

　専修学校(専門課程)進学者、各種学校、公共職業能力開発施設
　入学者

○進学者

　大学等(大学、短期大学、通信部、放送大学)、専攻科(特別支援学校高
　等部専攻科、高等学校専攻科)

　ここに示した卒業後の進路を決められたのには、保護者の方、当
事者の方、特別支援学校の先生方の努力もあったものと思われる。
特別支援学校の入学を希望される方の中に、将来の仕事につける機
会が多いことを指摘されたことがあった。少し前までは、養護学校

(現、特別支援学校)に行きたくない、行かせたくないなどという声が多く聞かれたが、最近は子どものニーズに応じた指導ということで、高等部への入学希望者が多くなった。特に発達障害者支援法が成立して以来、発達障がいと診断を受けた方の人数が多くなり、特別支援学校の校舎の中には、教室が足りなく、廊下まで工夫して使っているところがあった。

2．私立の武蔵野東高等専修学校の進路から

一方、武蔵野東学園高等専修学校が調査した、全国高等専修学校協会会員校の例でみてみよう。

令和3年度文部科学省委託事業「専修学校による地域産業中核的人材養成事業(学びのセーフティネット機能の充実強化)、発達障がいなど特別に支援が必要な生徒の社会自立のための進路指導及び卒業の定着支援モデル事業)」(成果報告書)から、進路に関しての調査を一部紹介してみよう。

(1) 進路調査

調査対象：全国高等専修学校協会会員校182校

- 回答校　87校(回答率：47.8%)
- 募集停止　2校

　※当該生徒、及び疑いのある生徒が在籍している学校は70校であり、回答校の80.5%を占めることになる。

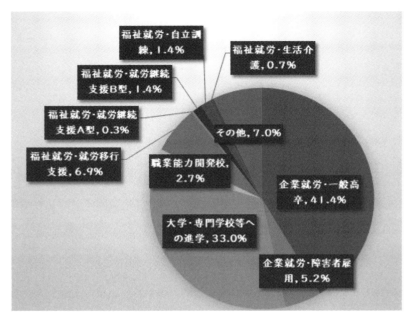

図 3　調査対象高等専修学校卒業生の進路状況

表 2　調査対象高等専修学校卒業生の進路状況

高等専修専門学校の進路先の状況					
企業就労・一般高卒	443 人	41.4%	福祉就労・就労継続支援 B 型	15 人	1.4%
企業就労・障がい者雇用	56 人	5.2%	福祉就労・自立訓練	15 人	1.4%
大学・専門学校等への進学	353 人	33.0%	福祉就労・生活介護	7 人	0.7%
職業能力開発校	29 人	2.7%	その他	75 人	7.0%
福祉就労・就労移行支援	74 人	6.9%			
福祉就労・就労継続支援 A 型	3 人	0.3%	合計	1,070 人	100%

　令和2(2020)年度の当該生徒の卒業者の進路状況(**図3、表2**)について、進学、企業就労と福祉就労に大きく分けてみると、卒業生1070人のうち、進学(大学、専門学校など)382人、企業就労499人、福祉就労114人、その他75人となっている。ここでは、進学の数が多いことに気がつくが、高等専修学校の中には、手帳(療育手帳、精神障害者保健手帳)を有する人数が少なく、そのため一般高等学校卒業者と同じく、大学、専門学校へ進むことになる。障害者手帳がないと障害福祉サービスを活用できない。将来のことを考えると、障害者手帳をとっておくことも大切になろう。

　この他の調査として、進路に関するプログラムの実施有無、保護者対象のプログラムの実施の有無、卒業後の定着支援の実施などについて報告されているが、ここでは取り上げていない。

(2) 障がい者が働くには

　社会生活における障がい者の生計については、支出と収入の面からとらえることができる。

　支出の例として、近くのコンビニで買い物をする、電車に乗って遊びに行くなどがあり、収入の例として仕事をして報酬を得るという雇用、月極の駐車場を貸して使用料を得る賃貸借などが挙げられる。

　一口に仕事・働くといっても幅が広く、役務を果たして報酬を受けるという中にも会社員やパート員として勤務する他に、公園の草取り業務を依頼されるような業務委託、物品の製造を行う請負いわゆる内職、家業を手伝うなど、いろいろな働き方がある。

　そしてこうした多様な働き方のうち、使用者と実質的に使用従属関係にあるような場合に、労働基準法等の労働関係法令が適応される。言い換えれば、なにがしかの仕事をしたとしても、必ずしも労

働者となるとは限らない。

　働くことについてまず必要なことは、自分は何ができるのか、やってみたいという意欲など自己理解が必要である。また、会社等の採用側では、自閉スペクトラムの特性を知っておくことが大切である。一方では、支援者や家族などが本人の特性を理解し、働くことへの興味を持たせることが重要となる。

　働くことで興味の広がり、対人関係の広がり、働くことへの喜びなどを得ることができる。例えば、畑仕事のできないときには無理にしないで、花などの栽培等に興味を持つようにすると広がりができる。働くことによって得る喜びから仕事への満足感、動くことへの身体的な喜び、お金が貰える喜びなど、多くのことを得ることができるだろう。

　無理に働かなくても少しずつ仕事に慣れ、一つのことができるようになることが大切である。自分にも自信がつき、まかされる仕事ができるようになると、喜びも大きくなるだろう。

①就労支援について——障がい者への就労支援

　障がい者が働くには障害者雇用促進法があり、事業主により法律で定着率が定められている。民間企業は2.3％、国・地方公共団体・特殊法人等は2.6％、都道府県等の教育委員会は2.5％である。雇用率については、少しずつではあるが、増加してきている。

　就労については、一般就労を目指す事業として就労移行支援・就労継続支援A型、働き続ける事業として、就労継続支援B型、就労定着支援が用意されている。福祉施設で働く人には、工賃が支払われる。

　就労については、ハローワークや障がい者対応の面接会などで職

を得ることが出来るが狭き門である。しかし、各学校単位で就職支援をやっているところもあるので、学校サイドとよく相談することも大切である。かつて、特別支援学校での就職活動が保護者に好評で、特別支援学校の入学率が高くなる現象が起こったといわれている。

　もう一つの働き方として、福祉的就労にも工賃が払われるようになっている。福祉的就労で工賃を得られる場所は、主に就労継続支援A型事業所、就労継続支援B型事業所など、である。

【就職前までにしておきたいこと】

> ・始業前・始業後のあいさつは、きちんとする。
> ・作業着、制服など、きちんと着ることを練習しておく。
> ・仕事の内容を、具体的に目で見て確認できるようにする。
> ・仕事の内容をきちんと覚えておく。
> ・仕事を好きになること。
> ・仕事の速度のコントロールをすることを覚える
> ・仕事により怪我のないような環境づくりをする。

②障がい者の仕事のためのコントロール

　自閉スペクトラム者は、仕事の速度などについてのコントロールがうまくいかないときがある。自閉スペクトラム者の作業のスピードが他の仲間より速すぎるので、コントロールの方法を家で保護者が教えた話を以下に記す。

　母親が作業所へ行き、息子の作業をしているところを見ていると、他の人と比べて息子だけが夢中で作業をしているので、これでは疲

れると思い、家で休む練習をしたという。うまく休むことが出来た
ので、作業所に見学に行ったところ、息子は指導員が見ていないと
きに休んで、見ているときには作業をしていたという。母親はその
ようなことを教えた覚えはないと言われた。言葉もないので、分か
らないことが多いと思っていた母親だが、彼なりに周囲のことを理
解していることが判明したのである。筆者もこの話から仕事のス
ピードが速い時には、適宜休憩を入れるなどのコントロールが必要
だと教えられた。

【仕事のコントロールのために行いたいこと】

- 作業量や集中度合いを観察して適度な休憩を間に入れる
- 同じ仕事ばかりではなく、ときには興味のあることを入れて
  みる
なお、怪我のないようにするために、作業の内容によって危険
なことを十分に注意することを具体的に教える必要がる。

③就労先

　卒業生は、どんな職場で働いているのか。武蔵野東学園武蔵野東
高等専修学校の令和2年度の卒業生の職種を見てみよう（**表3**参照）。
〈就労の種類〉
　A 事務系業務 ──────── PC 入力、ファイリング、社内メール
　　の仕分け、シュレッダー、コピー、他
　B 製造業務 ──────── 食品、機械部品、ライン作業、印刷、
　　製本、他
　C 物流諸業務 ──────── 荷物運搬、整理、ピッキング、DM 封入、

梱包、発送準備、他

D 小売販売周辺業務――― 店舗バックヤードの販売準備、品出し
　等販売補助、他

E 飲食店・厨房周辺業務―食器洗浄、調理補助、店舗整備、他

F サービス諸業務 ――― 清掃、リサイクル、クリーニング、高
　齢者施設など周辺業務、他

G その他 ――――――― 農園業務

〈福祉的就労　障害福祉サービスの種類〉

A 就労移行支援、B 就労継続支援A型、C 就労継続支援B型、D
　自立訓練、E 生活介護

**表3　令和2年度　特別支援学校高等部(知的障がい)卒業生の就職先上位5種の
仕事の種類(学校基本調査)**

運搬・清掃等	1,220 人	29%
製造・加工業	1,005 人	24%
サービス業	994 人	23%
販売	558 人	13%
事務	461 人	11%

　仕事の内容としては、特別支援学校高等部の場合も、高等専修学
校の場合も、彼らの能力にあったものを選んでいると推測される。
武蔵野東高等専修学校を除いて、他の高等専修学校の場合には、障
害者手帳のない人が多く、仕事を選ぶことに困難さがあるものと推
測される。また、定着指導についても、教員の数が少なく、追いつ
かぬ状況となっている。定着指導を進めるためには、担当の教師が
必要となってくる。比較的規模の大きい学校(武蔵野東学園 武蔵野東
高等専修学校)の場合には、定着指導の教師は必然的に多く配置でき

るであろうが、それに比べ単一の専門高校の場合には、定着の指導が行われにくいことが分かる。今後の課題として、定着指導も含めた指導が重要になってくることを考えると、教員の人数、配置も重要になってくる。定着指導については、次項で取り上げる。

④定着指導（定着支援）

　職場が決まっても、仕事に慣れずすぐ辞めてしまう人もいる。そうならないために、定着をするためのフォローが必要になる。学校関係では、定着指導、あるいは定着支援と呼ばれている。定着指導をすることで、相手の会社で障がいに対する理解が深まったり、本人が安心して続けられるように学校の職員からの励ましがあったりすることで、何年も続けられるようになる。なかなか学校単位でのフォローは、人手や時間（費用）がなくてはできにくいとされている。しかし、難しいといわれる定着指導を頑張って行っている武蔵野東高等専修学校の例でみてみたい。指導例については、そのまま参考にさせていただいた。

　2020年度「専修学校による地域産業中核的人材養成事業（学びのセーフティーネット機能の充実強化）」『発達障害など特別に配慮が必要な生徒の社会自立のための教育・就労支援及び卒業後の定着フォロー支援モデル事業』学校法人武蔵野東学園　武蔵野東高等専修学校が行った上記事業の2020年度成果報告書より

ア　障がいのある人の就労の現状

　法定雇用率が令和 3 (2021) 年 3 月 1 日から 2.3％に引き上げられた。これは、障がいのある人にとって就労の門戸が広がることにつながるものであり、新規領域の職域開拓が試されることになる。職場における障がいのある人への理解が今以上に必要になるであろうし、障がいのある人にとっては、より柔軟な職業スキルが求められることになっていくとも考えられる。

　また、障がい福祉サービスを活用する現状の福祉就労は、サービスの選択肢が増えており、就労移行支援、就労継続支援 A 型・B 型、自立訓練、生活介護等に、新たな障がい福祉サービスとして就労定着支援が加わり、選択の難しさがある時代となっている。よって、地域を中心とした情報収集が必要不可欠なものとなっている。

イ　定着フォロー支援から

　学校法人武蔵野東学園 武蔵野東高等専修学校が開校して以来、卒業生の定着フォロー支援は、就労 1 年目の春と秋に定期巡回による支援を実施することから始まる。そして、2 年目以降になると、企業・事業所から、あるいは本人・保護者からの相談要請を受けての支援を原則としていた。

　3 年前からは、企業・事務所からの要請や就労 1 年目の春の定期巡回における支援の実際をもとに、就労 1 か月、2 か月での定期巡回支援を取り入れている。長年の定着フォロー支援を行ってきた経験から起こりうる事象を想定し、かつ卒業生の個性を鑑みて、予防を意識した巡回支援を行うことにしてきた。結果として、ほとんどが安定した就労につながり、かつ問題があったとしても早期解決につながっている。また、最近は継続雇用をしていただける企業・事務所が増えており、在校生の就労支援と重ねて実施する場合も増え

ており、定期巡回以外の支援も必然的に行えるようになっている。

　令和2年度は、新型コロナウイルス感染症の影響により、緊急事態宣言が発出され、4月以降自宅待機を余儀なくされた卒業生も多かった。特に就労1年目の卒業生にとっては、戸惑いからのスタートであり、いつも以上にケアが必要であった。5名の進路担当者で対応しているが、卒業生の支援は今も毎日のように続いている。ほとんどの事例が定着につながっているものの、中には店舗移動や退職して新しい環境（転職、就労福祉への方向転換など）に向けた支援をせざるを得ない事例も少なからずある。

　卒業生を社会に送り出してから既に32年が経過している。その内、当該卒業生1,114名が社会に巣立っている。卒業生は、毎年増える一方で担当者もその対応に苦慮している事実がある。これから先の本校の進路指導における卒業後の定着フォロー支援は、大きな課題が残されている。そこで、定着指導について、武蔵野東高等専門学校高等部の事例をみてみよう。

　ウ　定着のための指導

　令和2（2020）年度文部科学省委託事業の報告書では、定着フォロー支援に関して7事例が報告されていたが、その中から、3事例を取り上げ考えてみたい。

【事例1】

　「ミスコミュニケーション」が主たる要因となる「対人関係」のアンバランスさが就労生活を脅かした。こちらは、休憩時間等に指摘を受けるので、就労後半年が経過して以降、緊張感が抜けてきたころに見られた。その一件で3年務めた職場を自主退社し、体調面も含めて、リフレッシュを図った。自己の言動を顧みる良い機会ともなり働きた

いという意識を高めることも出来た。保護者にもどうすることが社会生活を円滑にするか、滾々と話をして、7か月を過ごした。その間は、失業給付をいただくことも経験した。また、保護者も離職後の処理は経験したことのないことであったので、全て段取りを指示して処理を円滑に行った。この辺りは本校ならではのフォロー指導とも言える。

　本来「トライアル雇用」を推奨しないのだが、この事業所の人事担当者には、Iさんの、揺るがない働きたい気持ちを確認する良い期間として位置付けることが妥当であることを示し、敢えて即採用の判断にストップをかけた。

　その甲斐あって、Iさんは集中力を絶やすことなく業務遂行することが出来ている。1月半ばには、本契約するか否かのミーティングを持つことになっているが、本人も家族も本契約を心から願っている。

【事例2】

　コロナ禍におけるストア系は、通常通りの勤務であったが、その他職種は4〜5月は在宅勤務や時差出勤、5月末の緊急事態宣言解除後も週3日の出勤で、その他は在宅という事業所があった。例年の様子見は、それぞれ事業所の運営をみてご相談して通常より1〜3か月遅れての訪問や電話対応、そしてWebミーティングとなった。訪問も企業によっては、感染予防の為、職場に入れず受付や別室で対応という所もあった。

　しかし、卒業生は職場の方にご理解をいただき、温かいご支援を受けていた。もちろん卒業生それぞれが課題に取り組み、期待以上の働きを見せてくれている。

　昨年、職場内外でのトラブルで新たな店舗異動となった方は、年度途中に常備薬が合わず、仕事に集中できなく遅刻・欠勤をする事があっ

た。家庭内で保護者との関係でも悩んでいた。しかし、最近ようやく薬が合いはじめ、継続して勤務が出来る様になった。本人が別の仕事を考える事もあったが、離職せず続けている。店長様は障がい者理解のある方で上手にコミュニケーションも取って頂いている。今後も感謝の気持ちを持って安定した勤務を期待している。

【事例3】

　アパレル関係へ就労。就労後5か月経過したものの、3年次の実習で見られた積極性や行動力が見られず、任せる仕事が見つけられない・与えられない状況が続いた。他の方と一緒に行っても実習時と同じ様子が見られることはなかった。原因・理由を担当者、保護者と一緒に探す中で本人から、「内定をもらうことがゴールでした。そこまではたくさん努力しました」と言葉があった。この考え方、受け止め方は根深く、その後も改善が見られず、現状では契約更新が難しいと伝えられた。しかし、担当者から今までとは全く違った環境と部署を提案してくださり、その機会をいただき現在もつながっている。通勤時間は片道30分強長くなった。異動後は2週間に1度の訪問と週2回の電話報告を継続的に行っている。異動先の方々の理解と協力もあり、少しずつだが積極的に取り組めるようになっている。ただ現在でも1か月更新が続いており、保護者との情報共有も継続して行っている。

　報告書の事例を読んで、就労も大切だが、定着支援も重要であることが理解された。定着フォロー指導といっても、学校には教員の余裕がないときには、結果的にできないことになる。しかし、定着フォロー指導をすることで、卒業生自身の仕事につながることを考えると、是非つないでほしいと願わずにはいられない。

定着フォロー指導のまとめ

- 対象の生徒の特性（性格などを含めた特徴）をよく観察していること。
- 対象の生徒に適した職業（実習）を選択していること。
- 対象の生徒のミスコミュニケーションから自主退社した人に対しても、その後の失業給付まで配慮し、次の仕事まで支援していること。
- 会社の担当の方との関係を大切にしていること。
- どの対象の生徒についても同様に定着フォロー指導を行っていること。

(3) 共同作業の大切さ

　就労することは、大切であるが、その前に「共同して作業」をすることの経験も大切である。以下、武蔵野東高等専修学校の農業研修を事例として取り上げる。友達と共同して働くことはとても大切であるが、現在ではなかなか出来にくい状況もある。そこで、ぜひいろいろな共同作業の体験を通して、共同作業の大切さを学んで欲しい。

　ここでは、農業研修を取り上げたが、農業ばかりでなく、学校内の共同作業として、学校行事の中で、幅広く利用して欲しい。これらの経験から、就労がスムーズにいき、就職率が少しでも増加することを願っている。

①武蔵野東高等専修学校の農業従事研修から

　毎年、武蔵野東学園では、南アルプスチロル学園で、宿泊や農業実習を実施している。本研修は「自然に親しみながら規律正しい集

団生活を送るとともに、農業体験を重ねることにより農業分野での就労の可能性を追求すること」を目的としている。本研修は、2009年度から始めた取り組みであり、本年度で 15 年目を迎えた。具体的には、地元の NPO 団体と連携し、都市部では実施困難な継続的な農業従事体験を、南アルプス市という古くからの果樹産地において、農繁期を中心に、本校に在籍する自閉症児が自然に親しみながら行っている。主に果樹栽培や果樹加工業で『おやてっと』(※甲州弁で「農作業の手伝い」) に取り組んでおり、最近では野菜作りや稲作も行えるようになり、働く基盤作りを行ってきている。

　上記の写真から、作業に従事している生徒たちの様子から、一生懸命頑張っている様子がうかがえる。(この写真の掲載について、保護者、学校側から許可をいただいています。)

【農業研修を終えて——ある生徒の作文から】

　私は中学校時代にもチロル学園に行って、草取りやナス、小松菜の収穫をしたりしたことがあります。高等専修学校の農業従事研修では道具を使った草取りのやり方を教わり、さらに新しい作業も出てきました。それは稲刈りと、刈ったものを干す作業「はさかけ」です。「はさかけ」という作業は、稲をたくさん運んで棒に干す作業です。この作業は、日本史の授業で習った弥生時代から行われているものです。稲の束は思ったよりもずっと重くて大変でした。棒に干してぎゅっと詰めていくものも力が必要で大変でした。

　草刈りでは、田んぼのものすごく細い道やあぜ道を通って深い所から草を抜くのが難しかったです。この日の場所はマイクロバスで山道を下った場所でした。昼食はそこからさらに下がったところでした。たくさん働いた後なので、とてもおいしかったです。

　食後はまた作業の続きをやりました。チロル学園に戻って、部屋で友達や先生といろいろなお話をたくさんしました。楽しかったです。その後、レクリエーションでピアノを弾きました。「アイのカタチ」と「第九・喜びの歌」を弾きました。

　3日目はバスと部屋の掃除をしました。3日間、作業はとても大変だったけれども、頑張りました。3日間でいろいろな作業が出来るよ

うになったと思いました。これからもさらに頑張ろうと思います。

②教育的効果について──教師の農業研修の評価から

　農業従事研修では、主に田や畑などでの野外活動が多く、生徒たちは開放的な環境でのびのびと作業に取り組んでいる様子が窺える。自閉症児にとって、土をいじることや自然と親しむことが、恰好のストレス解消になっているようだ。特に除草作業などは、作業が進むにつれきれいになる様子が分かりやすく、仕事の見通しや終わりも見えやすいため彼らが達成感を得やすい仕事である。

　広々とした場所で、体全体を使いながらの作業は、時が経つのが早く感じられ、知らず知らずのうちに長期間の立ち作業に疲労感を感じないものだ。これが就労に必要な持久力や忍耐力を養い、学校内での長期作業への取り組みに役立つ。

　屋内の加工場などの作業もある。加工作業では、自分たちの仕事がどのような商品になっていくのか、ジャムなど身近な食品がどのように作られるのか、その過程を目にすることができ、仕事への理解や興味が沸く。ジャムの材料の果実の種取りなどは、重度の自閉症児が持つ集中力が生かされる仕事である。このように農作業の幅は広く個々の生徒に適した仕事を提供しやすい。

　加工場での作業を終えて宿舎に戻って置いてあるジャムを見て、「今日作ったのと一緒です」「私たちが作った箱に入れて売っています」など胸を張って話す生徒もいた。また、東京に戻ってからも保護者と買い物に行って見つけた商品を指さして「この箱は僕が組み立てた箱に似ているね」などと、目に入るものの多くが「誰かの仕事で作られたもの」として意識される。

　農作業には彼らの興味をそそるものも少なくなく、また作業の全

てが疑似体験ではなく本物体験であり、本物を扱うことの緊張感から、学校内での活動以上に集中力を発揮することや、意外な才能を発揮することがある。

　力の入れ具合に気を使い、商品を丁寧に扱わなければならない作業（果実の収穫、稲とひえの区別、苗の取り扱い、果実の選定、花弁選定など）高所での作業（サクランボなどの果実の収穫）、刃物などの取り扱いに気をつけねばならない作業（ひえ、雑草などの刈り取り、薪割り、開墾作業、など）、（開墾、稲・藁・雑草運び、稲干し、藁撒き、除草作業、マルチ貼り、サクランボの種取り、箱の解体、箱つくりなど）農作業はさまざまで、それぞれの課題や個性に応じた作業に取り組むことができる。

　また、全員が一つの作業の過程のどれかに必ず関わり、作業終了・完成に貢献することができる。これらによって、彼らは自信・達成感・一体感・自己肯定感などを学校内での活動以上に得られることになる。

　日ごろ学校や家庭の手伝いを仕事として経験してはいるが、それを仕事として捉えること、得た経験が仕事に結びつくことを実感するまでには、時間がかかる場合が多い。しかし、農業従事研修の基本となる作業（取る、置く、運ぶ、移動する、押さえる、渡す、受け取る、出す、しまう、洗うなど）だけでも実際の農作業として行えるわけで、また、作業対象が農作物（食物や草木）であるため、日ごろのお手伝いと同じ感覚で実際の仕事を行うことができる。

　まさに「おやてっと」の作業は、仕事としてとらえられるものであり、自閉症児の就労に向けた格好のトレーニングとなっている。

　この農業従事研修はC組単独での校外学習であり、宿泊を伴う研修である。他の校外学習とは異なりA・B組の友だちがいないことで、自立心・自主性の向上を促すことが出来る。また、チロル学園

での宿泊研修であるため、生活スキルの向上や時間管理意識も育つ。

　自ら次の活動の準備や時間管理をしなければならない。教師側もよほどサポートが必要な時以外は口出ししないようにしているから、彼らの自立への意識や、周囲への意識が高まる。こうした環境がかれらの成長を助けることになる。

　入浴・歯磨き・食事・衣服の整理・荷物の管理・清掃・ベッドメイキング・レクリエーションなど、彼らの自主性を育てる材料が山ほどある。この研修で得た経験や、学んだことが彼らの血となり肉となり、彼らの社会自立を後押しすることになるだろう。

　以上の報告から、自閉スペクトラム児だけでなく、発達に遅れのある人たちにとっても、また、高校生や大学生にとっても共同で作業をすることは大切なことだと思った。

(4) 働くこと休むこと

　継続して働くためには、彼らにとって働きやすい環境であるかどうかということである。

　彼らの持つ能力の範囲内で無理なく継続してやれることが大切である。継続してやるためには、それなりの支援も大切になる。法的には障害者総合支援法の障がい福祉サービスがあり、守られている。ただ守られるのではなく、福祉サービス、障害者等相談支援センターや地域活動支援センターなどで相談することも大切である。

　また、現場で働くには、本人の特性とよく考えてやれる仕事であること、目的が明確に見えていること、みんなで支えあって出来ることであること、自分自身の目的を持って働けること、他の人の支援もあることなどが重要である。出来た時には十分褒めることが大

切で、働く幸せに繋がるものと思われる。無理に作業をさせるだけでなく、休憩もしっかりとり健康状態にも配慮したい。

3．働いている人を訪ねて

(1) 日本理化学工業(株)で働いている人を訪ねて

①直美さんのこと

　特別支援学校を卒業して入社した会社で定年まで勤めて、その後再雇用されている人を紹介したい。まず、筆者が小学校時代に受け持った方である。直美さんの紹介にあたって、お母様、日本理化学工業(株)からお許しをいただいております。

日本理化学工業(株)製造部チョーク部門　直美さん

○昭和 55 年 4 月 1 日入社、2022 年 8 月現在、勤続 41 年の社員。

○現在の仕事：ダストレスチョーク作業場でのライン作業、72 本入りチョークの箱詰め

---

②直美さんについて（理化学工業（株）から）

　働いている成人たち

　日本理化学工業で働いている直美さんは、養護学校(高等部)を卒業と同時に入社している。仕事の内容は、ダストレスチョークの工場である。長い間、工場で働き、定年を迎えたが、会社から定年後も再雇用ということで、現在も働いている。

　彼女は、幼い頃、あちこちの大学で療育を受けていた。小学校は特殊学級(現、特別支援学級)で、中学からは特別支援学校(中学部・高等部)へ進学し、高等部 3 年生で卒業している。小学校の頃は、お

となしく、おうむ返しで答えることが多く、とても素直だったことを覚えている。

　母親からは、「長い間、働かせてもらい、その上、定年後も再雇用をしてもらい、とても感謝している」という話を聞いた。工場側からも、以下のような寄稿とともに入社当時から彼女を知る職員2名からコメントをいただいた。

【製造部　職員　鈴木さん】

　チョーク箱詰め作業では、右に出る人はいない直美さんですが、直美さんが入社して間もない会社の社員旅行でバス移動中の時、川田さん（既に卒業しています）が車酔いで気分が悪くなり、介抱しているとき、直美さんが涙を流していたので「どうしたの？」と声をかけると「川田君かわいそう」と回答。感受性が豊かで心の優しい人です。

　また、社員旅行などで楽しい時は、体全体で踊りを表現できる素直な人です。

【開発部　職員　大山章さん】

　入社の際、直美さん含め自閉的傾向のある同僚3名の入社であった。ちょうど会社が大田区雪谷から川崎市高津区に工場を移転したタイミングでもあり、地元の特別支援学校から採用する1期生にあたるメンバーだった。可愛らしい直美さんは大変素直でもあり、当時治安があまり良くなかった溝の口駅周辺で通勤していると、声をかけられることが複数回あったそうだ。お母さまの付き添いで通勤することがしばらく続いた。現在も同僚と帰宅するのが習慣になっている。

　この点で言うと、障がいのある社員が企業で働くためには家族のサポートは不可欠であること、会社との連携も重要であります。

　彼女の自閉的傾向から、職員からの仕事の説明をどのくらい理解できているか分かりづらいところがあったが、実際に仕事を始めると、てきぱきと的確に作業を行い、仕事にもすぐ慣れた。それは現在も変わらず、20代の後輩にも全く負けないスピードを維持している。

　入社当時、チョークの選別例などを提示し説明をするが、本当に理解できているか分かりづらいところがあった。しかし彼女は的確に理解し、60歳を超えた今も戦力として活躍してくれている。

【2021年8月のMVP表彰の際の、部門管理職員からの推薦文】

　直美さんが定年を過ぎても活躍され、理化学になくてはならない存在であることは社内でも全員が知るところです。（一部原文に雫が補足しています）　　　　　　　　　　　　　※雫氏は広報担当者である。

MVPで直美さんを推薦します

　2021年5月のGW明けからのキットパスでの出荷対応の為、チョークの1ラインでの生産が続き、2階キットパス作業の応援に上がったメンバーだけでなく、チョーク現場でもスクールシリーズやアートチョーク仕掛品の応援等、様々なメンバーが新しい作業ややり方にチャレンジしてくれて、個々での成長も感じられる部分が多々あるのですが、その中でも突出して生産に貢献してくれていたのが直美さんでした。といっても、何か新しい作業を習得したわけではなく、彼女の専売特許の箱詰作業において、大いに頑張ってくれました。

　2ラインで日産約2000箱生産している時は、箱詰めラインの先頭に直美さん、その後ろにIさん、U君が就いて3人体制で作業を行っています。今の1ラインでの日産約1000箱生産だとIさんもU君も別な作業を行い、そのほとんどを直美さん一人で箱詰めし、たまに少

し流れてくるチョークの梱包作業を行っているU君がフォローすることで間に合っています。

　自分がキットパスの責任者であった頃から、HさんやSさんなどが定年を迎え、「幸せの会（※）」に入った人は、個々の成長や生産性の向上等、他のメンバーほど厳しく追及する事はあまりせず、自分の出来る範囲で一生懸命頑張る事や、周りの従業員に思いやりを持って接する事に重点をおいていたのですが、直美さんは定年を迎えてもなお第一線で戦力として大いに貢献してくれています。ライン作業という性質上キットパスの時ほど、新しい作業ややり方にチャレンジするという機会もあまり無く、いろいろな事を器用にこなせるわけではないですが、1つの事では他の誰にも負けないくらい成果を上げられる理化学の理念に沿った素晴らしい人だと思います。成長や進歩というわけではないかもしれませんが、定年を迎えても生産性を下げず、変わらず第一線で頑張ってくれている事は同じくらい尊い事だと思います。

　細かい部分での成長ポイントで言えば、雑巾をちゃんと絞る事とか、余計な所まで拭きまわらない事とか少しずつ改善され、作業終了時は早く目標ノートを持ってきて早く上がる事など細々とした部分で声掛けを行い、一緒に帰ってくれる同僚のSさんを以前ほど長く待たせる事は無くなってきていると思います。

　直美さんの日々の頑張りは障がい者雇用を促進する理化学の歴史そのものであり、働く幸せの体現者であり、MVPに十分値すると思い推薦しました。

※「幸せの会」とは、定年を過ぎた後も社員として頑張って働きたいという本人の思いと、実際の体力などを検討して継続雇用することです。

【日本理化学工業株式会社とは】

　日本理化学工業株式会社というのは、工場は美唄工場と川崎工場がある。川崎工場は、高津区にあり、事業内容は「ダストレス事業部―文具、事務用品製造販売他」で、社員数90名、そのうち知的障がい者63名となっている。知的障がい者による生産工程のオペレーションのため工程中に使う治具（英語のjigからの言葉で、加工物を固定し、ガイドに沿ってツールを操作するもの）などに工夫がなされている。川崎工場は2017年4月「世界自閉症啓発デー」に参加している。

（写真掲載については、会社、保護者の許可を得ています。）

　真剣に取り組んでいる姿に、老いは感じられなかった。一心に働く姿に感動させられた。

　しかも同一の会社に長く勤められていることにも、自閉症の持つ特性の一つかと考えさせられた。

(2) 武蔵野東高等専修学校の卒業生たち

①就労の種類

　障がい児の就労の場合には、「一般就労・福祉的就労」に分けて考えられている。

　「一般就労」は、会社や公的機関などに就職し、労働契約を結んで働いていること、一方、「福祉的就労」とは一般就労が難しい人たちの就労のことである

　ここでは、武蔵野東高等専修学校の卒業生たちの働いている会社等を紹介したい。まず、働くことについて、学園では、「世のために役立ち、人々に必要とされる社会人になる」を目標にしている。「社会に羽ばたいた武蔵野東専修学校の卒業生たち」の資料を参考にした。

②企業就労の場

　以下のような会社に就労している。

　株式会社チヨダ、株式会社オンワード樫山、味の素みらい株式会社、キリンビバレッジ株式会社、株式会社パソナハートフル、佐川急便株式会社、株式会社ナルミヤ、ワンパ、グランドハイアット東京、サミット株式会社、日本電波塔株式会社、キャプラン株式会社、株式会社ベネッセスタイルケア、キリン株式会社、他

③福祉的就労の場

　以下のような事業所に就労している。

　社会福祉法人武蔵野　ワークセンター大地、社会福祉法人武蔵野武蔵野福祉作業所、（社会福祉法人清和）ラシーネ西東京、就労継続支援事業所A型ともに――、就労継続支援B型事業所ともに――ドリーム、株式会社ベネッセソシアス

(3) 日本電波塔株式会社（東京タワー）で働いている人を訪ねて

　この中から、東京タワーに勤務している2人について、仕事ぶり

について取り上げてみたい。取り上げた理由は、自閉スペクトラムの人は、サービス業に向かないといわれがちであるが、大変環境にマッチして、仕事をしている姿に驚いたので紹介したい。

①接客業のＡ君

　東京タワーで、見学者を案内しているＡさんは、武蔵野東高等専修学校卒業生で25期生、現在は東京タワーの観光客のおもてなしをしている。エレベーター前で乗る人と降りてくる人の案内をしている。「エレベーターが到着しますので、ご注意ください。」「ようこそお出でくださいました。いらっしゃいませ、東京タワーへ」「かしこまりました。」「扉が閉まります。」「お楽しみくださいませ。」「前の方へおすすみください。」その他、団体さんとの打ち合わせ、子どもたちへの対応、子どもたちにハイタッチ、デジタル機器の説明と休む間もなく忙しい職場だ。

　会社の総取締役から、「Ａさんは親切で、お子さんの目線で対応している。また、国際化でお客様への言葉（英語・中国語など）を自分から学習している。また、始業前には、ごみ拾い、ベンチの方向直し、テナントさんと会話をしていたりして、とてもすばらしいと思う。」との言葉をいただいていた。

②ピアノを弾いているＢ君

　総取締役の方から、「とても才能のある人だと思う。お客様に勇気や感動を届けてくれている。」とのこと。「彼は幼い時から、ピアノのレッスンを受けていたし、とても上手だった。」と元担任の言葉。電話を掛けたところ、お母様から、今でもレッスンに通っているとのこと。電話の背後には、ピアノの音が響いていた。

(4) 働くことについて

　日本障がい児の法定雇用率を過去と比べてみると、1977 年 10 月 1 日 1.5％、1988 年 4 月 1 日 1.6％、1998 年 1.8％、2013 年 2.0％、2018 年 2.2％、2021 年 2.3％と、わずかではあるが増加している。2023 年 1 月 18 日の厚労省の方針として、民間企業に義務付けている障がい者の法定雇用率を現在の 2.3％ から段階的に引き上げ、2026 年 7 月に 2.7％ とする方針を決めたと公表している。増加していくことは、障がい児にとっては、ありがたい数字であるが、ちょっと先のことなので、期待して待ちたい。

　これは、「障害者雇用促進法」で、昭和 35（1960）年に法律第 123 号となっているもので、その後、数回の改正を経て、最近では平成 20（2008）年、平成 25（2013）年、令和元（2019）年に改正されている。

　特に、気をつけたいことは知的障がい者について、雇用が義務化されたのは、平成 10（1998）年からである。最初の頃は、戦争から戻った身体障がい者の人を優先していたが、最近は知的障がいの人を対象としているため、他の障がいに比べて応募数が多いとのことである。知的障がい者の雇用についての企業側の課題として、72.7％ が「課題がある」とされている（事業所 100）。

　ここでは、課題は複数回答で 3 つまでとされて公表されているが、その中で回答数の高いもの 5 位までを取り出してみよう。

　　第 1 位「会社内に適当な仕事があるか」（68.1％）

　　第 2 位「職場の安全面の配慮が適切にできるか（38.7％）

　　第 3 位「採用時に適性、能力を十分把握できるか」（28.4％）

　　第 4 位「労働意欲・作業態度に不安」（28.4％）

　　第 5 位「職場での援助者が要らないか」（22.4％）

となっており、採用者側にも課題があることが分かる。この点について、学校側の就職担当の方とよく話し合って、決めるとよいと思う。学校の就職担当者からは、会社の担当者とよく話し合いたいとの思いがあり、よい人間関係を築きたいと学校の担当者は願っている。ぜひ高等部の卒業生や専修学校卒業生の就職がうまくいくよう、双方で話し合って欲しいと願うのである。

(5) 就労にあたって

　障がい者の就労支援として、障害者総合支援法（平成17年法律第123号）では、「就労系障害福祉サービス」を下記のように規定している。就労移行支援、就労支援継続支援A型、B型、就労定着支援」の3種類のサービスをあげている。

(1) 就労移行支援

　就労を希望する障害者であって、一般企業に雇用されることが可能と見込まれるものに対して、一定期間就労に必要な知識及び能力の向上のために必要な訓練を行う。

(2) 就労継続支援A型

　一般企業に雇用さることが困難であって、雇用契約に基づく就労が可能である者に対して、雇用契約の締結等による就労の機会の提供及び生産活動の機会の提供を行う。（A型事務所、平均工賃（賃金）、月額79,625円、時間給899円）

就労継続支援B型

　一般企業に雇用されことが困難であって、雇用契約に基づく就労が困難である者に対して、就労の機会の提供及び生産活動の機会の提供を行う。（B型事務所、平均工賃（賃金）、月額15,776円、時間給222円）

(3) 就労定着支援

　就労移行支援等を利用して、一般企業に新たに雇用された障害者に対し、雇用に生じる日常生活又は社会生活を営む上での各般の問題に関する相談、指導及び助言等の必要な支援を行う。

厚生労働省資料より

(6) 社会人になるために

　学校を卒業して、社会人になろうとしている人に、何が必要なのだろうか。

　まず、学校を卒業したことを理解し、自分は次にどこに行くのかを理解してもらうことが大切である。高等部を卒業したことが分からず、卒業後も学校に行ってしまった話を聞いたことがある。学校がおしまいになり、次はどこに行くのかを、はっきりと自覚させることが大切である。通常の学級、特別支援学級、特別支援学校を卒業時までに、行先をはっきりさせるように学習しておくことが大切である。

　そして、会社・専門学校・大学・福祉施設他の面接で質問されることについて、短くても正確に答えられるようにしておきたい。

　卒業に当たって、これだけは身につけておきたいことを、下記にまとめた。しかし、できないこともあると思うので、できるだけと断っておきたい。おそらく多くの卒業生は、学習していると思われるが、社会人に当たって身につけておきたいことを再度確認してみたい。

　• 名前に関すること：自分の名前、お父さんの名前、お母さんの

　名前、兄弟姉妹の名前、学校の名前など

- 住所に関すること：自分の住まい、親戚の家など。
- 好きなことは：運動、食べ物、学校、遊びなどの中で好きなことなど。
- 挨拶に関すること：おはようございます、さようなら、こんばんはなど。
- マナーに関すること：食べ方、箸、スプーンの使い方など。
- 基本的生活習慣に関すること：食事、排泄、睡眠、衣服の着脱、清潔を保てるかなど。

　自閉スペクトラム児・者の場合には、コミュニケーション能力に関すること、他の人との関わり方などが、特に必要としていることである。

　これらの能力がどれだけ身についているのかを、学校の教員、保護者、会社関係者などに、知っておいてもらい、対応の折に配慮が望まれる。

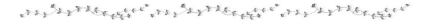

第2章　生活の場としての社会福祉施設

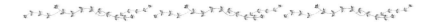

　第2章で「生活の場としての社会福祉施設」を取り上げたのは、国立特殊教育総合研究所（以下、国総研）の教育相談の中で、保護者から中でも母親が社会福祉施設の利用を敬遠している節があったからだ。まだ、子どもが児童生徒のころは、特に学校教育、なかでも大学に行かせたいという希望が多かった。通級が実施されたことで、通常の学級への入学希望が多くなった。今でも、通級による指導は、増加の傾向にある。しかし、時間が経って、高等学校通級による指導や特別支援学校高等部を卒業するころになると、社会福祉施設への関心が高くなり、相談が多くなる。「入所するのか、通所か」「グループホームか、施設内の入所か」「近くの社会福祉施設か、遠い社会福祉施設か」などの話が多い。住んでいる地域の市役所、町村の役場などで、どこを選ぶのかを紹介してくれる。

　しかし、今、入れる施設として紹介されたところが、家から遠かったりしても、そのまま入所の場合もある。入所の前に、地域の社会福祉施設等をよく調べておくことは、大切である。急に近くの施設の入所の募集があったりするので、入所を希望する場合は、早めに社会福祉施設の情報を集めてみよう。また、いくつかの施設見学が許されるなら、参加して体験してみるのもよいだろう。特に、保護

者が高齢になり両親亡き後を施設で見てもらいたいと考える方は、早めに相談しておくとよいと思う。筆者の関わった人の中で、社会福祉施設の通所をしていて、時間がたって入所になっている人もいる。また、グループホームの利用者も多い。グループホームから年齢が高くなり入所となっている人もいる。

　一方、社会に出て働くためには、就労の問題が大きい。就労ができれば、次に自立へと進めるが、そう簡単にはいかない。選ばれた就職先に長く勤められるかどうか。長くなると、自信にもつながり、意欲的に仕事に参加できるようになる。このため、定着のための支援をしてくれる教員が必要になる。学校で定着指導を行っているところはそう多くないだろう。定着指導（支援）は、長く務めるためにも、とても大切になる。また、一般就労か、福祉的就労かを就労前によく考えておくとよいと思う。

　ここでは、知的障害特別支援学校高等部の卒業生の60％前後の人が、社会福祉施設を利用しているという現状がある。そこで、社会福祉施設の役割等を知った上で、利用するとよいと思い、いくつかの施設を取り上げ、施設の創設の目標などについて、施設代表の方に原稿をいただいた。最近、自閉スペクトラム児・者、発達障がい児・者たちが施設入所で、順番を待っている状況と聞くので、地域によっては施設を増やす工夫などをして欲しいと願う。

　社会福祉施設は、老人、児童、心身障がい者、生活困窮者等が社会生活を営む上で、様々なサービスを必要としている人を援護、育成し、または更生のための各種治療訓練等を行い、これら要援護者の福祉増進を図ることを目的としている施設である。

　社会福祉施設には大別して、保護施設、児童福祉施設、障害者支援施設、老人福祉施設、その他施設がある。

1．社会福祉施設の創立

　ここに並んでいる施設は、筆者がよく訪ねさせていただいたところや、日本自閉症スペクトラム学会で知り合った施設などである。創設順に紹介させていただいた。

（敬称は省略）

(1) 社会福祉法人　慈光学園　第 4 代理事長　中川隆子

　創設者中川祐俊（万蔵院第 73 世住職、後に長谷寺第 80 世化主）と文子夫妻の次男了而さんが 3 歳の時、日本脳炎に侵され肢体不自由、精神薄弱の障がいが残りました。昭和 25 年のことでした。その後、中川夫妻の生活は一変し了而さんと同じ子供たちの為の施設設立を発願、昭和 33 年に精神薄弱施設「慈光学園」が誕生しました。その後、昭和 40 年に保育事業、平成 12 年高齢者支援事業の運営を開始しました。最初の慈光学園は、万蔵院に隣接した塀のない敷地の中にあります。今は、慈光良児園となり 30 名の子ども達が主に特別支援学校に通学しております。私の住居は寮舎者から 5 メートル位のところですので、窓を開けると子ども達の元気な声が聞こえます。ケンカをする声、泣いている声、笑ってる声、歌ってる声等、そんな声を耳にしながら「明日も元気で」と念じつつ眠りに付くこの頃です。

(2) 社会福祉法人侑愛会　学校法人侑愛学園　理事長　大場公孝

　社会福祉法人侑愛会は昭和 38 年に設立し、知的障がいのある子どもたちの施設から成人の就労、制度にはなかった GH（グループホーム）の先駆けを地域に作るなど活動を広げていった。その中で昭和 40 年代の後半から自閉症の児童の入所希望が増え、昭和 55 年に

は全国で初めての福祉型自閉症児施設「第二おしま学園」を開設し、その後成人自閉症施設「星が丘寮」を開設した。支援を模索する中で昭和61年佐々木正美先生の講演からTEACCHプログラムを知り、理事長と数名の施設長がノースカロライナに視察に行き、親の会の話・当事者の方々の生活を見て、このプログラムを学ぼうと決意した。平成4年にはショプラー博士の来訪を得て、講演・コンサルテーションをしていただいた。地域で暮らすことを考え、現在、障がいの重い方たちのGHを開設し、強度行動障がいの支援者の育成も実施している。「学び続ける」ことで、自閉症の方たちがより良く暮らせる支援を考え続けている。

(3) 社会福祉法人　あさけ学園　施設長　近藤裕彦

　あさけ学園は、昭和56(1981)年、全国で初めての自閉症のある成人を生涯にわたって支援するため、自閉症のある人の親たちによって作られた。現在は入所施設だけでなく、ワークセンター（通所）、グループホーム、短期入所、特定相談支援事業、自閉症・発達障害支援センター、あさけ診療所(児童精神科)を含めた支援機能を一体的に運用し、自閉症総合援助センターとしてのアプローチを行なっている。

　基本理念については、開設当初から、自閉症や知的障がいのある人たちを単に保護するのではなく、豊かな人生を生き抜くよう援助することを目標としてきた。そのためには、労働(作業)や地域との交流を通じて現実的な思考や行動を身につけていく取り組みや、行動上の問題への個別プログラムが重要と考えられる。こうした流れの中で、一般就労やグループホーム、強度行動障がいと呼ばれる人たちの支援、加齢化に向けた対応へと繋がる、先駆的な取り組みを

進めてきたところである。

(4) 社会福祉法人　はるにれの里　理事長　木村昭一

　社会福祉法人はるにれの里は、今から 35 年前、行動上の問題を抱えた重度自閉症児の保護者たちの切実な願いと運動により昭和 62 年 4 月、成人入所施設『厚田はまなす園』を開設した。当時はまだ全国的にも自閉症支援が確立されず一貫した支援がされないまま混乱の時期が続いた。支援を模索していく中で本人の生きづらさが次第に理解され、施設全体として支援の方略が一貫したものとなる。しかしながら、集団生活を前提とする入所施設内では人や音や空間により情報の整理に限界を感じ、平成 8 年より個別的な支援が可能となる地域のグループホームに移行した。ホーム内の環境面での配慮を徹底することにより、行動上の問題が減少するだけでなく、生活面での自立的なスキルも増えていった。そして何よりも保護者の理解と地域住民の理解が進んだ。

　今日では札幌圏を中心に 150 名近くの激しい行動障がいを併せ持つ重度自閉症者の地域生活を支えている。

(5) 社会福祉法人　萌葱の郷　理事長　五十嵐康郎

　20 代前半に滝乃川学園重度棟に勤務し行動障がいの激しい重度知的障がいの自閉症児を担当し、環境整備、施錠撤廃、生活見直し、全員就学に取り組み、子どもたちが大きな成長を遂げ行動障がいが改善しました。

　石井哲夫先生の受容的交流療法に出会い自閉症の人たちの行動は環境や支援のありようや支援者の態度と密接な関係があると知りました。

　理想的な自閉症支援を実現したいと自閉症者施設設立を決意し、大分県自閉症児・者親の会の有志や地元の方々のご理解とご協力を得て平成３年に大分県犬飼町に自閉症者施設「めぶき園」を開設しました。

　30余年を経て、早期療育、子育て支援、療育支援、生活支援、就労支援、相談支援、普及啓発、専門家養成等の機能をライフステージを通して総合的に提供する子育て・自閉症総合支援センターとして共生社会の実現をめざしています。

　利用者の方に「この世に生を受けて良かった」と思っていただけるような支援を志しています。

(6) 社会福祉法人　玄洋会　昭和学園　理事長　楠 峰光

　本学園は、平成３年（1991年）に設立された定員50名の知的障がい者入所施設である。

　モットーは極めてシンプル、「重度を中度に、中度を軽度に」ということで生活指導・学習指導を重ねている。急性脳症やレノックス症候群などの最重度者は改善の度合も薄いので指導員の気力も萎えがちで、慣習的になりやすいので、そこは「より生活を豊かに」と言い換えて叱咤激励している。30余年も経過すれば、保護者・家族で亡くなる方も多数でてくる。身寄りのない母子家庭で、50代の母親ががんで亡くなったことから遺された障がい者が親を拝めるように廟を裏山に建てた。今は20数家の位牌を祀って月命日には指導員が付き添って参詣している。盆前には全戸そろっての盆法要を行っている。参加者にとっては厳粛な一時であるが、そのあとの廟前での食事会とにぎやかな盆踊りは楽しいものである。秋の運動会、夏祭りに次いで年間三大行事のひとつになった。

(7) 社会福祉法人　北摂杉の子会　理事長　松上利男

平成 10（1998）年 2 月に法人を設立して、今年の 2 月で法人設立 25 年を迎えることになります。

　私ども法人は、どんなに重い障がいがあっても地域の中で、家庭や所属する組織の中で、役割と自尊心をもって暮らすことのできる地域社会の実現を願って、「地域に生きる」という理念を掲げました。そして、利用者支援のコア・バリューの一つである「利用者の障がい状況に関係なく、利用者に対する支援を地域社会との繋がりの中で行うことを基本とします」に基づいて、施設・事業所の中で完結してしまう支援ではなく、利用者のニーズベースでの様々な社会参加の支援を積極的に行っています。大阪府発達障がい者支援センター事業を通して得たニーズから必要な支援サービスを創造して、幼児・学齢期から青年・成人期にわたる生涯を通した切れ目のない支援サービスの提供を目指し続けています。また、近年は、地域の支援力の底上げを目指して人材育成のための福祉事業所と連携したコンサルテーションを通した人材の育成にも取り組んでいます。

(8) 社会福祉法人　パステル　理事長　石橋須見江

　栃木県小山市に本部をおく社会福祉法人パステルは、平成10（1998）年に創設されました。障がいのある方々が学校を卒業した後、いくところがありませんというご家族の方々の切実な願いから法人を立ち上げました。初めに通所施設「セルプ花」を開設し、「誰ひとり断らない」「パステルの仲間のご家族は、親にも子にも兄弟にも語れない悩みをここで語ろう」から始めました。創設の思いは、「自立へのステージ」「共に支え合う確かな明日へ」とし、行動目標を、「楽しく働く」「元気に遊ぶ」「豊かに住む」としました。現在、多くの方々

が自立へのステージとして入所施設、グループホームを利用してお
ります。個人に合わせた仕事つくりは、生きがいを生み出し、「働
く」と「遊ぶ」の区別をしっかりつけて生活する経験の一つとして5
年に1回は海外旅行を楽しんできした。「笑顔のパステル」が24年
間の宝物になりつつあります。現在、新たなテーマ「障がいを生き
るパステル」に挑戦中です。

(9) 社会福祉法人　正夢の会　理事長　市川宏伸

　正夢の会は平成4(1992)年春、江東特別支援学校に通っている生
徒の母親達が、自分たちの亡き後のことを考えて、子ども達の利用
する福祉施設を都内に作りたいと活動を始めたことに由来する。そ
の後、父親たちが中心となり、施設に適した土地を多摩地区に探し
た。約8年間が経過して、稲城市に土地を提供してくれる地主さん
が見つかった。地元での反対運動もあったが、稲城市が全面的にバッ
クアップしてくれた。平成13(2001)年に社会福祉法人の認可を受
け、平成14(2002)年4月に障害者入所更生施設を開設した。初めは
50名の入所者と約35名のスタッフだけであった。その後、地元に
根付く施設を念頭に、通所訓練施設、自律訓練施設、生活支援セン
ター、児童短期入所事業、グループホーム、通所更生施設、子ども
発達支援センター、ワークセンター、障害者総合相談センター、発
達支援センター、心身障害児通所訓練施設、福祉作業所、療育セン
ターなどを開設した。多摩市、昭島市、中野区、日の出町などにも
事業所を持っており、スタッフも非常勤を含めると、約430人になっ
ている。法人のモットーは、「「自分らしくそのままに」一人ひとりが、
地域の中に「在る」こと。」地域の中で共に歩むことを喜びとする法
人でありたいと考えている。

(10) 学校法人武蔵野東学園が運営するグループホーム友愛寮

　学校が主体的にやっていたグループホーム友愛寮が、現在は社会福祉事業として認められるようになった。この経過について、武蔵野東学園むらさき会(保護者の会報)を参考に以下のようにまとめた。

【友愛寮の歩み】

平成 18 年 (2006 年) 4 月	友愛寮　無認可の学園独自の寮としてスタート (武蔵野市緑町 2-1-10)、ショートステイサービスもスタート (東京都福祉保健局の視察)
10 月	グループホーム・ケアホームの指定を受け、「友愛寮 1・2」運営スタート (NPO 高等専修教育支援協会との業務委託契約)、内閣府に特区申請をする。
平成 19 年 (2007 年) 4 月	学校法人武蔵野東学園が直接運営するグループホーム・ケアホームの誕生、友愛寮利用者による自治会を発足
平成 26 年 (2014 年) 4 月	グループホーム・ケアホームの一元化 (差別感をなくすという理由からケアホームの名称廃止)、グループホーム「友愛寮 1・2」へ
10 月	「友愛寮 3」運営スタート (練馬区立野町 9-8)
平成 28 年 (2016 年) 2 月	「友愛寮 4」運営スタート (武蔵野市中町 3-11-22)
令和元年 (2019 年) 6 月	「友愛寮 5」運営スタート (武蔵野市八幡町 1-4-30)

　武蔵野東学園では、学園のグループホーム友愛寮を 5 か所に作り、50 人ほどの人数の人が利用しているとのことである。関わっている世話人の方々は、元武蔵野東学園の先生や卒業生たちとのことであった。このことは保護者自身も安心して、利用できるのではないかと思われる。

　以上、筆者の知り得た施設を中心に恣意的に選んで、福祉施設の成り立ちを調べてみた。創設された人たちの夢や意気込みを見ることができたことと、ここでは、慈光学園が古く、他の施設は比較的新しいことが分かった。新旧の差というより、そこに流れている保護者・関係者の熱い思いが感じられた。また、最近では、施設の不足を補うため、グループホームに力を入れているようだ。この影響を受けて、私設のグループホームも作られている。

2．社会福祉施設の入所・通所にあたって

　令和3年3月の特別支援学校高等部の卒業生の社会福祉施設入所・通所は、60.8％となっている。社会福祉施設といったが、大抵はいろいろな機能を併せもっているところが多い。一方、参考までに、就職者等は、33.4％となっている。

　以下、実際の生活や施設も紹介するが、入所・通所前に、まずは趣味（絵や工作、歌を歌うことなど）と呼べる楽しいことを身につけておくようにお勧めしたい。

⑴ N君の入所から教えられたこと

　N君については、小学校時代は研究所の相談で、教育相談を行ってきた。母とN君でくるので、母からは相談を聞き、N君には、得意なことできることを取り上げて、遊びを中心にトランポリン、運動、じゃんけんゲーム、言葉遊びなど、多岐にわたる学習を行ってきた。

　主訴は、教室で学習についていけない、外へ出てしまう、落ち着きがないなどの担任からの苦情が多かったことである。N君の遊び

や学習などについては、学会などで発表をしているのでここでは省く。その後N君は進学した高等学校を中退し、母親とともに地域の新聞配達などをやっていたこともある。あるとき、社会福祉施設を勧められ、通所で行くことになった。しかし、両親は内心、一般の人のように過ごさせたいとの願いが強かったと思われた。それは幼い頃から、よくできる部分があり、「天才ではないか」と思われていたふしがあるからだ。小さい時から、交通標識、シャンプーやリンスの文字や数字を書き、それを読んでいたからである。当時両親は「自閉症」ということを知らなかったということである。

　N君のことを、なぜここで取り上げたのかは、N君の趣味のことについて述べたかったからである。小学校時代から絵が好きで、シャンプーとリンスを何枚も書いていた。シャンプーとリンスの匂いが好きだったからのようだ。シャンプーとリンスのビンが好きで、風呂場はビンでいっぱいだったという。嵐の後には、父親と海にビンを一緒に拾いに行って、箱一杯拾ってきたそうである。

　成長してからは、アルコールのビンになった。そのころになると、ビンが書かれている本を買ってもらっていたとのことである。いつのまにか彼にとっては、それが趣味になっていたのである。今でも何もすることがないと、施設でも絵を描いているとのことである。

　また、バスに乗っての旅行の時にはN君は歌を歌っているということである。筆者自身の反省として全くカラオケに興味がなかったせいで「歌うこと」が彼の好きなことであったということに気づいていなかったことがあげられる。いろいろな歌を一緒に歌いたかったと反省している。

　N君の入所から教えられたことはこのように、趣味があること・好きなことがあることの大切さである。

(2) N君が入所した施設

　少々特徴的な施設なので紹介したい。その障がい者支援施設は神奈川県にある社会福祉法人よこすか黎明会「横須賀ヘーメット」でパンフレットの案内には、「県内で最も小さな入所施設」となっている。少々特徴的という理由はその規模の小ささで入所支援は40名、生活介護50名、短期入所4名となっている。

〔職種別人員〕

施設長　1人

生活支援員　27人　サービス管理責任者　1人

看護師　1人

栄養士　1人

介助員　12人

洗濯清掃員　5人　相談員　1人

事務員　2人

嘱託医　1人

　右の写真のように小規模の施設で一人一人の人生が豊かになるようにということを運営方針に掲げている。また、右記のような多彩な活動を行っており毎日の生活の中に取り入れている。障がいを持つ故に生活を憂い、将来に不安を抱くことがあるだろうが、最近はこのように障がい者支援施設も多様化している。

施設案内・設備

- ・鉄筋コンクリート3F建て　・敷地3,226.96㎡
- ・述べ床面積1,996.52㎡　　・海抜8.7m
- ・津波避難ハウス　16.7m

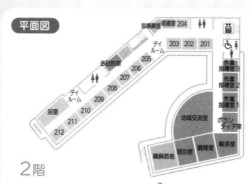

平面図

2階

- ・居室201〜212　・作業指導室1〜3
- ・ボランティア室　・多目的室
- ・デイルーム　・浴室
- ・指導員室　・宿直室
- ・地域交流室　・宿泊室
- ・喫茶室 / 調理室

1階

- ・居室101〜112　・食堂 / 調理室
- ・陶芸室　・デイルーム　・浴室
- ・園長室　・事務室　・会議室　・相談室
- ・指導員室　・医務室　・理美容室
- ・洗濯室 / リネン室

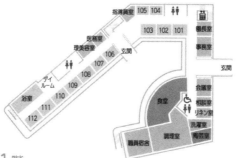

椎茸栽培
約2,000本の原木で育てています。

パン・ケーキ作り
朝食パンは年2,000食ほど、
自(地)産・自(地)消しています。

陶芸
毎年、干支作品200組を制作・販売。
完売しています。

軽作業
アクリルたわし・ビーズ作品の製作。

3．入所者の生活

　さて、入所者の生活はどうなっているのだろうか。入所者は、知的障がいのある 18 歳以上で、障害支援区分 4 以上の方となっている。

(1) 入所施設の日程

　比較的新しい障害者支援施設パサージュいなぎの平日と休日の過ごし方と、都立特別支援学校高等部の時間割を比較してみよう。パサージュいなぎの対象者は知的障がいのある 18 歳以上で、障害支援区分 4 以上の方であり、その過ごし方は**図 4** の通りであり横須賀ヘーメットとも類似している。それに対して、都立特別支援学校高等部の場合は時間割を作って 1 日を過ごしている（**図 5**）。

平日　　　　　　　　　　　　　　　休日

平日	
7:00	朝食／歯磨き／医務ラウンド
9:00	AMワーク（順次出勤）・ワーク1・ワーク2・ワーク3・のんびり1
12:00	昼食
13:30	PMワーク
15:30	ワーク終了（ユニットへ戻る）
16:00	おやつ・検温・医務ラウンド／入浴
18:00	夕食
21:00	消灯

休日	
7:00	朝食／歯磨き／医務ラウンド
9:00	日中の過ごし方（AM）・リネン交換・掃除・散歩・外出や買い物
11:30	昼食
13:30	日中の過ごし方（PM）・散歩・外出や買い物
15:30	おやつ・検温・医務ラウンド／入浴

図4　パサージュいなぎの1日の流れ

	月	火	水	木	金
8:30〜8:45			登校		
8:45〜9:45	ショートホームルーム	ショートホームルーム	ショートホームルーム	ショートホームルーム	ショートホームルーム
9:00〜9:45	職業 （50分） 1.0	作業学習 （50分） 1.0	理科／社会 （50分） 1.0	職業 （50分） 1.0	作業学習 （50分） 1.0
10:00〜10:45	数学 （50分） 1.0	作業学習 （50分） 1.0	数学 （50分） 1.0	国語 （50分） 1.0	作業学習 （50分） 1.0
11:00〜11:30	音楽／美術 （50分） 1.0	作業学習 （50分） 1.0	美術／音楽 （50分） 1.0	総合的な探究の時間 （50分） 1.0	作業学習 （50分） 1.0
11:45〜12:15	音楽／美術 （50分） 1.0	作業学習 （50分） 1.0	美術／音楽 （50分） 1.0	特別活動 （ホームルーム活動） （50分） 1.0	作業学習 （50分） 1.0
12:45〜13:00	給食 （30分）	給食 （30分）	給食 （30分）	給食 （30分）	給食 （30分）
13:00〜13:15	休憩 （15分）	休憩 （15分）	休憩 （15分）	休憩 （15分）	休憩 （15分）
13:30〜14:00	保健体育 （50分） 1.0	作業学習 （50分） 1.0	保健体育／道徳 （50分） 1.0	家庭 （50分） 1.0	作業学習 （50分） 1.0
14:15〜14:45	保健体育 （50分） 1.0	作業学習 （50分） 1.0	保健体育 （50分） 1.0	家庭 （50分） 1.0	国語 （50分） 1.0
15:15〜15:30	ショートホームルーム	ショートホームルーム	ショートホームルーム	ショートホームルーム	ショートホームルーム
15:30〜16:00			下校		
単位時間数	6.0	6.0	6.0	6.0	6.0	計 30.0

図5　都立特別支援学校高等部の例

(2) ある保護者の話から

　ある保護者の方から、特別支援学校中学部の卒業時に、ほとんどの生徒は高等部に進学するのであるが、その家庭のお子さんは高等部へは行かないとの報告を受けた。その理由として、高等部は時間通りに授業をするが、本人には時間の流れが分かっていないからだと言われた。そこで通所施設を選ぶことになった。

　当の本人はしばらくして通所施設に慣れ、午前中の作業が終わると食堂へ自ら行けるようになったということである。学校にいたころは、時間割がわからず、手を引かれて体育館や運動場に行ってい

たということで着替えも困難であった。通所施設は、1 日の流れがゆったりしていることで、時間の流れが理解できたということだった。

　このことを参考にすると、特別支援学校には、「生活支援」の人たちもいると思われるので、もっと当事者たちに合った過ごし方の工夫が必要になるのではないかと考えた。パサージュいなぎの施設や他の施設でも、利用者の身体状況、希望、適正、障がい特性を考慮して活動を設定しているということである。

(3) 施設内でのいろいろな行事

　このほか施設には、それぞれに行事があって、園生たちが楽しみにしていることがある。

　筆者が参加させていただいた慈光学園で、楽しい 1 日を過ごさせていただいた思い出がある。

　施設の敷地の中での大がかりな花火大会があり、空中の花火の大きさとその音に驚き、またある出前レストランの日、園生がレストランに行けないとのことで、庭に大きなテントをはって、園生たちは真新しい服をきて、レストランのお姉さんの運ぶ料理を、おいしそうに食べている姿に胸が熱くなった。この他に、関西方面から呼んだという能の舞台「羽衣」も大変、興味深かった。園生も筆者も一緒になって見物をさせていただいた。

　バスに乗っての旅行、あるいは近くの国外旅行など、様々な工夫がされている。

　近年、福祉施設内で働いても、工賃が貰えるようになったことから、園で旅行をするようになったというパステルの話である。みんなは、どこに行きたいのか、決めて出かけられるようになった。工賃を積み立てて、5 年計画でハワイ旅行を計画し、参加者は保護者・

内部参加者も含めて、実施したとのことである。ハワイの次はグアム、オーストラリア、タイなどとなっている。工賃はいくらと尋ねたところ、月6万円、4万円など個人に応じて支払われているとのことである。

4．グループホームについて

(1) グループホームのきまり

　大抵の施設には、いくつかのグループホームがある。筆者と出会った頃、幼かった子どもたちの多くが、障がい者のグループホームに入っている。「グループホームとは何か」について紹介しておきたい。グループホームとは次のとおりである。

【グループホームの制度施行時の基本的な性格】
- 地域社会で選択的に生きる知的障がい者の生活の拠点であること
- 施設を単に小型にしたというものではないこと
- 入居者の日常生活は指導・訓練的なものが最低限であり、管理性が排除されたものであること

【グループホームに供する建物（住居）】
- 原則一般的宅地内に位置しその外観は一般の住宅と異なることのないよう配慮すること

【入居者】
- 入居者の人数は4～5人を標準とします

（平成元年6月厚生省児童家庭局障害福祉課より）

※介護保険制度にも高齢者を対象とする「グループホーム」がありますが、「認知症対応型共同生活介護」と呼ばれる別のサービスを指します。

　上記がグループホームの基本的事項だが、保護者サイドからは「とてもよかったです。Kは、朝になると行く用意をして、嫌がらずに出かけます。休みの日も行きたがることもありましたが、今ではわかるようになりました」というような感想をもらうことが多くなった。では、グループホームについての実態調査があるのでみてみたい。

(2) 令和元年度全国グループホーム実態調査から

　現在グループホームがどのように経営されているのかを知的障がい者の実態調査からみてみたい。

調　　査：公益財団法人　日本知的障害者福祉協会
調査対象：共同生活援助事業所を運営する法人のうち、公益財団法人
　　　　　日本知的障害福祉協会法人宛てに調査票を送付したところ。
調査月日：平成 31 年度 4 月 1 日現在
回答数：1,325 事業所
ホーム数：5,720 ホーム
利用者数：29,137 人

　全国グループホーム実態調査の結果をいくつか紹介したい。内容はⅠからⅨで構成されている。
　Ⅰ 事業所状況、Ⅱ 建物の状況、Ⅲ 利用者の状況、Ⅳ 利用者負担の状況、Ⅴ 新規入居者の状況、Ⅵ 退所者の状況、Ⅶ 運営状況、Ⅷ 職員（スタッフ）の状況、Ⅸ その他となっている。この調査のみをみても、ホーム数が 5,720 ホーム、利用者が 29,137 人となっている。つまり多くの方が利用しているということだろう。もう少し、詳しく見よう。
　まず、回答数の推移を**表4**および**図6**に示す。表 4 で分かるよう

表4　全国グループホーム実態調査の回答数の推移

	R1年度	H30年度	H29年度	H28年度	H27年度	H26年度
回答数						
数	1,325	1,283	1,566	1,328	1,436	1,278
増減数	42	-248	218	-88	158	156
増減率	3.2%	-18.1%	16.2%	-6.1%	12.3%	13.9%
ホーム数						
数	5,720	5,489	5,872	5,590	6,432	5,270
増減数	231	-383	282	-842	1,162	580
増減率	4.2%	-6.5%	5.0%	-13.1%	22.0%	12.4%
利用者数						
数	29,137	28,514	33,335	28,117	28,596	26,389
増減数	623	-4,821	5,218	-479	2,207	3,491
増減率	2.0%	-14.5%	18.6%	-1.7%	8.4%	15.2%

に回答数にはばらつきがある。

　また、ホーム数、利用者数を比較すると**図7**、**図8**のようになる。

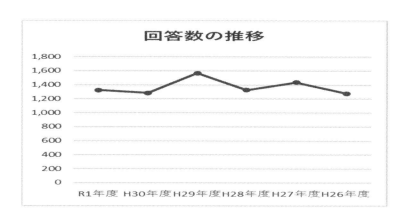

図6　回答数の推移

各項目の推移の比較

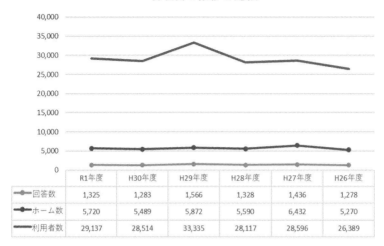

	R1年度	H30年度	H29年度	H28年度	H27年度	H26年度
回答数	1,325	1,283	1,566	1,328	1,436	1,278
ホーム数	5,720	5,489	5,872	5,590	6,432	5,270
利用者数	29,137	28,514	33,335	28,117	28,596	26,389

図7　各項目の推移の比較：数で比較

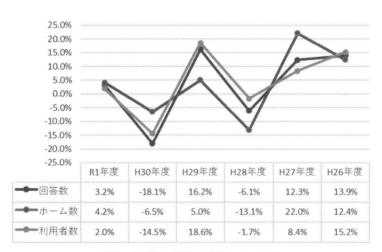

	R1年度	H30年度	H29年度	H28年度	H27年度	H26年度
回答数	3.2%	-18.1%	16.2%	-6.1%	12.3%	13.9%
ホーム数	4.2%	-6.5%	5.0%	-13.1%	22.0%	12.4%
利用者数	2.0%	-14.5%	18.6%	-1.7%	8.4%	15.2%

図8　各項目の推移の比較：率で比較

　各年度の「回答事業所数」「ホーム数」「利用者数」の推移を見ると、各回答数には、ばらつきはあるが利用者数も同様に増減していて、両者の相関係数は 0.88 であるので、かなりの相関があり、回答数とホーム数の相関係数も 0.64 とわりと相関性がある。

　全国のグループホームの利用数は国民健康保険団体連合会（以下、国保連）請求データによると、平成 31 年 4 月時点で介護サービス包括型が 106,743 人、外部サービス利用型が 15,963 人、日中サービス支援型が 833 人、合計 123,589 人となっている。本調査における同期間の利用者は 29,137 人であるので全国の約 4 分の 1 弱の実態を明らかにしていることになる。

　回答事業者所数が多ければ多いほど、回答事業者が運営するホーム数及びホーム利用者数が増えて、より実態の把握が出来るので、調査に協力してくれる施設が増えることを願う。

　データを約 4 倍すると全国の実態に近似するのではないかと考える。

〇利用者の状況について

　利用の障害支援区分について、**図 9** に示す。障害支援区分とは、障害者総合支援法におけるサービス利用申請に対する支給を障がいや心身の状態などにより必要な支援を 1~6 段階に分けた区分である。1 が支援の度合いが低く、6 がもっとも高くなる。

　表 5 から、グループホームの入居者の障害支援区分の傾向が分かる。ここでの区分は、区分 6 が一番支援を必要とされている区分、非該当は区分に入らない人たちである。区分 3 と区分 4 の人が多いといえよう。

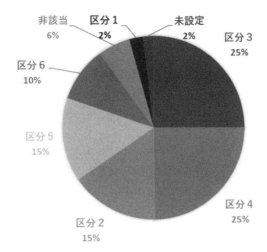

図9　利用者の状況（全国）

表5　利用者の状況（都道府県）

		都道府県									計	%
		北海道	東北	関東	東海	北陸	近畿	中国	四国	九州		
障がい支援区分	非該当	135	335	202	73	106	30	174	57	553	1665	5.7%
	区分1	86	63	113	26	69	42	117	43	131	690	2.4%
	区分2	603	522	807	319	406	394	482	316	720	4569	15.7%
	区分3	1,235	823	1,276	629	429	710	712	390	1,089	7293	25.0%
	区分4	1,023	725	1,581	708	373	839	606	372	994	7221	24.8%
	区分5	606	349	1,100	469	139	624	290	175	564	4316	14.8%
	区分6	350	292	782	326	69	432	149	92	327	2819	9.7%
	未設定	10	131	41	31	17	3	69	34	228	564	1.9%
	計	4048	3240	5902	2581	1608	3074	2599	1479	4606	29137	100.0%

　日中サービス支援型のグループホームの設置が進んできていることも一因ではあるとも考えられるが、前年度に続いて区分4〜6の割合が微増しており、徐々に利用者が重症化している傾向がある。

表6　利用者の日中活動の状況

	都道府県									計	%
	北海道	東北	関東	東海	北陸	近畿	中国	四国	九州		
生活介護	1,381	1,204	2,760	1,215	424	1,571	640	448	1,430	11,073	38.0%
就労移行支援	37	23	62	26	25	28	28	14	72	315	1.1%
就労継続支援A型	113	108	99	105	84	67	285	104	420	1,385	4.8%
就労継続支援B型	1,583	1,279	1,632	822	820	880	1,119	512	1,768	10,415	35.7%
地域活動支援センター	13	39	77	24	27	19	17	13	20	249	0.9%
一般就労	848	512	1,115	328	208	518	420	347	760	5,056	17.5%
通所介護等（介護保険）	19	26	80	17	19	29	29	27	34	270	0.9%
その他の活動	24	60	58	14	32	33	17	11	54	303	1.0%
グループホーム（日中活動なし）	32	37	44	22	2	21	25	21	50	254	0.9%
利用者実数	4,048	3,240	5,902	2,581	1,608	3,074	2,599	1,479	4,606	29,137	100.0%

　生活介護・就労継続支援は、わずかばかり増加している。一方の通所介護等は 270 名（昨年度は 161 名）と増加、日中活動なしのグループホームが 254 名（昨年度は 194 名）とそれぞれ明らかに増加している（表6）。これからは日中の在り方が課題になるかもしれない。また、65 歳問題や重症度に伴う日中活動のあり方など、今後さらに検討が必要となってくるだろう。

○利用者の年齢について

利用者の年齢構成を表7及び以下の図10 に示す。

表7　利用者の年齢構成

	都道府県									計	%
	北海道	東北	関東	東海	北陸	近畿	中国	四国	九州		
20歳未満	56	16	64	27	13	28	26	17	85	332	1.1%
20歳〜29歳	492	340	591	230	135	310	303	204	619	3,224	11.1%
30歳〜39歳	738	491	955	446	227	498	393	242	792	4,782	16.4%
40歳〜49歳	985	724	1,645	681	365	882	552	371	952	7,157	24.6%
50歳〜59歳	806	666	1,145	562	373	700	576	282	911	6,021	20.7%
60歳〜64歳	393	428	533	241	204	245	293	144	539	3,020	10.4%
65歳〜74歳	459	401	655	274	211	317	340	185	474	3,316	11.4%
75歳以上	115	105	196	59	35	71	66	29	133	809	2.8%
不明・無回答	4	69	118	61	45	23	50	5	101	476	1.8%
計	4,048	3,240	5,902	2,581	1,608	3,074	2,599	1,479	4,606	29,137	100.0%

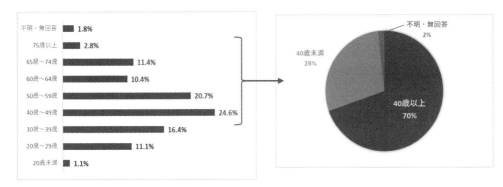

図10　年齢の構成

　上の図で明らかなように利用者の年齢の分布は1位40歳〜49歳（24.6%）、2位50歳〜59歳（20.7%）、3位30歳〜39歳（16.4%）となっている。また、40歳以上の方が69.9％利用している。今後も徐々に高齢化が進んでいくと推測されるので、高齢化はこれからの重要な課題となるだろうし、将来的な展望に立った運営が求められる。

○年金等の受給状況について

年金の受給状況について、**表8**に示す。

　引用データは本知的障害者福祉協会の調査結果であるので、障害基礎年金対象者が多いと考えられ、障害厚生年金受給者は不明・無回答に入ってくると考えられる。

表8　年金の受給状況について

	都道府県									計	％
	北海道	東北	関東	東海	北陸	近畿	中国	四国	九州		
受給なし	122	86	168	71	38	118	148	35	196	982	3.4%
障害基礎年金1級	1,118	1,281	1,919	744	473	1,268	601	404	1,248	9,056	31.1%
障害基礎年金2級	2,497	1,609	2,924	1,510	1,036	1,308	1,632	957	2,771	16,244	55.8%
生活保護	215	134	335	77	53	264	106	45	182	1,411	4.8%
不明・無回答	96	130	556	179	8	116	112	38	209	1,444	5.0%
計	4048	3240	5902	2581	1608	3074	2599	1479	4606	29137	100.0%

公的収入	91.7%
不明・無回答	5.0%
年金受給なし	3.4%

図11　年金の受給状況

　表8から、障害基礎年金1級と2級を合わせると86.9%、生活保護を合わせると91.7%になり、地域生活を送る上での主な収入は公的な収入となっているということが分かる（図11）。しかし、当事者は理解しているのだろうか。なかなか困難な課題であるが、少しずつ理解ができるようにしていきたいと願うのである。

○短期入所事業（ショートステイ）の実施状況について
　短期入所がどうなっているのかを、表9に示す。

表9　ショートステイの実施状況

	北海道	東北	関東	東海	北陸	近畿	中国	四国	九州	計	%
実施（併設）している	14	14	34	17	18	13	10	8	37	165	12.5
実施（併設）を予定している	4	4	10	4	0	2	0	0	5	29	2.2
実施（併設）していない	82	122	252	125	88	98	80	51	179	1,077	81.3
無回答	2	7	13	4	6	7	3	5	7	54	4.1
計	102	147	309	150	112	120	93	64	228	1,325	100

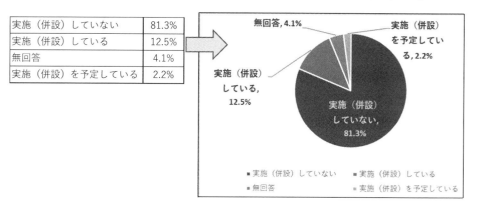

実施（併設）していない	81.3%
実施（併設）している	12.5%
無回答	4.1%
実施（併設）を予定している	2.2%

図12　ショートステイの実施状況

　表9より、短期入所（ショートステイ）について、「実施（併設）して
いる」が12.5％、「実施を予定している」が2.2％、「実施（併設）して
いない」が81.3％である（**図12**）。

　短期入所を希望する人がいると思われるが、実情はなかなか厳し
いということであろう。

　現在のグループホームの実態を知ることができた。

(3) グループホームの入居に当たって

　多くの自閉スペクトラム者や発達障がい者たちがグループホーム
を利用しているので、グループホームの入居について紹介してみた
い。入居したい場合は、各居住している市町村に申請しなければな
らない。市町村の障がい者（児）関係の窓口へ行って相談をする。

〈障がい者グループホームに入所する場合〉

ア）まず、障害者手帳が必要。知的障がいの場合は、「療育手帳」（東京
　　都は「愛の手帳」）の申請をする。申請ののち、出来上がった手帳をも
　　らう。

イ）入りたいグループホームを探す。そのホームの資料を集める。

ウ）そのグループホームを訪ねてみる。

エ）グループホームに本人を連れていき、本人の希望を聞く。

オ）グループホームの人と面接をする。

カ）グループホームの中を見学する。

キ）その日は帰るか、その場で入居契約の手続きをする。

　窓口では多様な相談にのってもらえるが、まずグループホームに
入居したいことを依頼する。そのためには障害者手帳を得なければ
ならない。そのため、児童相談所を紹介される。指定の児童相談所
にいき、障がいの判定をしてもらう必要がある。児童の場合は児童
相談所へ行き、18歳以上の人は知的障害者更生施設を利用する。

　入居の日は慌てないで母親他が一緒に行って様子をみる。うまく
いかないときは、2〜3回の訪問の練習が必要かもしれない。

　また、学校卒業後すぐに利用するときは不慣れなこともあり、う
まくいかないこともあるので、何度か母親他と一緒に訪問したりす
ることが必要かもしれない。反対に友達ができて、母親に帰っても
いいという場合もある。個人差があるので、無理をしないことである。

　筆者が、長くグループホームを利用していた成人たちと一緒に過
ごした朝、私よりも早く起きて、食事の支度をしているので驚いた
ことがあった。やはり毎日の積み重ねの大切さを感じた。グループ
ホームを利用しているうちに友達もできて自立できるようになって

いく過程をみたように思えた。話し言葉はなくても、仲良しの友ができている様子をみると、家庭では見られない姿ではなかろうか。

　ただグループホームで気をつけたいのは、夜間に友だちとよくない相談をして、犯罪に至ったこともあった。まれなケースと思われるが、善悪の判断のつかないことがないように、世話人、あるいは責任者によく頼んでおくことが必要である。

　大抵の両親からは、グループホームに入ったことで、負担が軽くなったという声が聞かれた。やはり成人になったら家を離れて自立することも大切と思われた。

5．療育手帳と知的障害者更生施設

(1) 療育手帳制度

　療育手帳制度については、「昭和48年9月27日厚生省発児第156号厚生事務次官通知」があるが法律ではないといわれている。各県での名称は東京都・横浜市の愛の手帳、さいたま市のみどりの手帳などがあるが、多くは療育手帳と思われる。

　障がいの程度の判定は児童相談所・知的障害者更生相談所で行われており、18歳未満までは児童相談所を、18歳以上の方は知的障害者更生相談所の利用になる。判定については、都道府県ごとに基準が定められており、その基準に従っている。

(2) 判定基準の問題点

　障がいの程度をある基準で判定するのであるが、判定基準が都道府県などにより異なっていることが当事者にとっても、家族にとってもすっきりしないものがある。

　全国的に統一するための厚労省の研究が始まっているが、ようやくという感を抱く。しかし、自閉症児・者との相談の中で重い判定だった児童も、成長してみると家庭生活が穏やかにできている当事者もいるし、軽度だった児童が犯罪者になったりしていることをみると、統一にも幅を持たせて、柔軟に決定するのはどうだろうか。

　IQだけに頼らず、日常生活の状態、家庭での困り度などを十分考慮して判定して欲しいと願わずにはいられない。

　判定をして欲しくない家庭と判定をして欲しい家庭のあることも知っておいて欲しいと思う。判定をして欲しくない時期として、小学校の入学のときが多い。つまり通常の学級に入学したいときには、手帳などいらないという保護者がいる。子どもの成長を願う親心でもある。

　校長先生から特別支援学級のあることを話されても、受け入れられないことがある。受け入れられない保護者は、通常の学級に入ったら、通級による指導、つまり通級指導教室を希望するという流れになる。しかし長い目で見ると、高学年、中学校、高等学校の時点で方向転換をして、特別支援学校の高等部を希望する人が多くなる。特に、卒業後の就活を支援してもらえる特別支援学校への入学が多くなっている。

　一方、特別支援教室に入りたいと希望する保護者もいる。それは、生活の中で、親が集団生活は無理との考えから、児童相談所に行き、判定を希望する保護者だ。どちらかというと、ひ弱な感じの児童（例えば喘息、選択性緘黙があるなど）の保護者たちに多いと思う。

　療育手帳について、保護者の考えがいろいろであることがわかるが、できるだけの支援をなるべく早く受けられるようにして欲しいと望みたい。というのは、その後の支援などで必要になることも考

えられるからである。

6. 放課後等ディサービス

　大勢の児童が利用している放課後等ディサービスを取り上げて考えてみたい。

(1) 放課後等ディサービスとは

　利用者は、6 歳から 18 歳までの障がいのある児童で、放課後、夏休みなどの休暇中の居場所として、児童福祉法平成 24 (2012) 年 4 月に位置付けられている。このことについて、保護者からは歓迎され、施設数・利用者数は増加の傾向を示している。

　ある特別支援学校の場合、授業が終わる時刻になると、帰る児童たちをそれぞれのディサービスの事業所の車に乗せて、帰宅するということだった。児童は、いったん福祉施設などの放課後等ディサービスで時間を過ごし、夕方児童の自宅まで送ってもらえるという。働く母親たちからは家族の負担の軽減になると喜ばれている。

(2) 放課後等ディサービスの数——厚生労働省

　どのくらいの放課後等ディサービス事業所があるのだろうか。令和 3 年 11 月の東京都福祉保健局施策推進部サービス支援課の調査によると、令和 3 年東京都内で放課後ディサービスを運営する事業所の数が 1,021 か所となっていることがわかった。ここから推測しても全国ではかなりの数になると思われる。

　下記の**表 10** は、厚生労働省の「令和 2 年社会福祉施設等調査」の障害福祉サービス等事業所・障害児通所支援等事業所の状況・事業

表10　事業の種類別に見た事業所数（5位まで）

		令和2年（2020）	令和元年（2019）	対前年比	
				増減数	増減率（%）
1位	居宅介護事業	23,741	23,098	643	2.8
2位	重度訪問介護事業	21,327	20,789	538	2.6
3位	放課後等ディサービス事業	15,519	13,980	1539	11
4位	就労継続支援（B型）事業	13,355	12,497	858	6.9
5位	計画相談支援事業	10,778	10,255	523	5.1

所数の中から「事業の種類別にみた事業所数」の上位5位までを抜き出したものである。

　上位の1位居宅介護事業、2位重度訪問介護事業については、対象障がいの対象が広いので上位になったと思われる。それに対して放課後等ディサービス事業の対象は、知的障がい、発達障がい等と思われるので、それを考えるとかなりの数であろう。

　今後の予想としては、令和元年と令和2年を比べると放課後等ディサービス事業の増加率は11.0%増加していることを参考にすると今後も増加していくものと予想される。

　放課後等ディサービスの利用状況をみると、利用実人員400,000人、利用延人数は、2,844,164人で、利用一人当たりの利用回数は7.1となっている。

(3) 放課後等ディサービスの活動

　放課後等ディサービスでは、どんな活動が考えられるのかを、厚労省がガイドラインで基本活動として示したものを軸に、具体的取り組みとして考えられることを見てみよう。

ア　自立支援と日常生活の充実のための活動

　子どもの発達に応じて必要となる基本的日常生活動作や自立生活を支援するための活動を行う。子どもが意欲的に関われるような遊びを通して、成功体験の積み増しを促し、自己肯定感を育めるようにする。将来の自立や地域生活を見据えた活動を行う場合には、子どもが通う学校で行われている教育活動を踏まえ、方針や役割分担等を共有できるように学校との連携を図りながら支援を行う。

　　例)

- 着替えや掃除、料理など日常生活で必要な能力の養成
- ひらがなの書き方や、計算、宿題などの学習に必要な能力の養成
- ソーシャルスキルトレーニングや集団でおこなうトレーニングによるコミュニケーションスキルの向上
- 就労を見据えた PC 作業訓練

イ　創作活動

　創作活動では表現する喜びを体験できるようにする。日頃からできるだけ自然に触れる機会を設け、季節の変化に興味を持てるようにする等、豊かな感性を培う。

　　例)

- 粘土による造形
- 書道
- 絵を描く
- 季節に合わせた創作

ウ　地域交流の機会の提供

　障がいがあるがゆえに子どもの社会生活や経験の範囲が制限されてしまわないように、子どもの社会経験の幅を広げていく。他の社

会福祉事業や地域において放課後等に行われている多様な学習・体験・交流活動等との連携、ボランティアの受入れ等により、積極的に地域との交流を図っていく。

　例) 動物園や工場見学などへの社会科見学を実施など

エ 余暇の提供

　子どもが望む遊びや自分自身をリラックスさせる練習等の諸活動を自己選択して取り組む経験を積んでいくために、多彩な活動プログラムを用意し、ゆったりとした雰囲気の中で行えるように工夫する。

　例)

- 自由に遊んだりリラックスしたりできる空間の提供
- 運動やダンス、楽器を習うなどのプログラムの実施

　事業所の種類としてすべての事業所がいずれかに当てはまるわけではないが、実際の放課後等ディサービス事業所は大きく分けて3種類あると言われている。

A 習い事型

　運動、楽器の演奏、書道、絵画などのプログラムに特化した習い事に通うような感覚の施設。

B 学童保育型

　自由に過ごす時間が比較的多い施設で掃除や料理、服の畳み方など、生活に必要な能力を養う時間と、自由に宿題をしたり遊んだりする時間に分かれている施設が多い。

C 療育型

　専門的な療育を行っている施設で行動面、学習面、コミュニケーション面など様々な角度から個人に合わせているのが特徴。ソー

シャルスキルトレーニングや独自の療育プログラムが組まれていることが多い。施設によっては作業療法士など専門資格を保有している人がいる施設もある。

(4) 放課後等デイサービスの優先事項

　放課後等デイサービスでどのように過ごすのがよいかという提案は、いくつか考えられるが、実際にどの年齢の児童たちの構成か、障がいの程度はどうなっているのか、利用者の人数はどれくらいなのか、コミュニケーションの能力はどうか、集団の構成によって、できることなどがその都度違うので、なかなか計画も立てづらいと考えられる。しかし、筆者が考えられる施設選びの優先事項をまとめてみた。

　　　　　　【筆者が考える施設選びに関する優先事項】

ア　安全な場所であること
イ　子どもが安心していられる場所
ウ　子どもが緊張を強いられることがないこと
エ　家庭と同じように過ごすことができる場所であること

　一番だめなことは、ただ預かってテレビの視聴で時間をつぶしたり、好きに遊ばせておいたり、叱ってばかりの場所になっていては、児童の健全な場所とは言えない。

　厚生労働省が作成している放課後デイサービスのガイドラインによれば、「支援の多様性自体は否定されるべきものではない。しかしながら、提供される支援の形態は多様であっても、障がいのある学齢期の子どもの健全な育成を図るという支援の根幹は共通しているはず」と述べられている。つまり「学齢期の子どもの健全な育成

を図る」ための場所であることが前提となる。このために、保護者
の希望、そして構成されたグループのメンバーの能力、地域との関
係等と事業所の持つ体力とのことも考慮して、最善のことを提供し
て欲しいと願う。

(5) 利用には受給者証が必要

　放課後等ディサービスの利用に当たっては、受給者証が必要であ
る。受給者証は、現在住んでいる自治体で手続きをする必要がある。
　〈通所受給者証の申請の流れ〉

A　自治体の担当部署に電話して利用相談をする
B　自治体窓口に受給者証の手続きへ行く
C　放課後ディサービス施設に面談・見学へ行く
D　調査と審査
E　通所受給者証の交付

(6) まとめ

　放課後等ディサービスの課題は上記で述べたように、各事業所に
よってサービスの内容に差が出てきていることである。内容を画一
的にはできない要素。つまりそれは集まった児童たちの年齢やコ
ミュニケーション能力や運動能力、学習能力などにもよるので、事
業ごとに差がでるのも当然のことであろう。
　このことを踏まえて、厚労省でも研究が進められているようであ
るが、なかなか思うように進まないのであろう。特に、自閉スペク
トラム児について、特別な能力等がクローズアップされると、高度
の技術を売り出す事業所も出てくるかもしれない。利用者側からす

ると、何かをやってもらえる事業所に集中するのではないか。

　それよりも学校から帰り、おやつを食べたり、宿題をしたり、散歩に公園に行ったり、名前を呼んであげたり、話しかけたり、歌をうたったりと、いろいろ工夫して、楽しい場所となるようにして欲しいと思う。一人ひとりの特性などを考慮することも忘れてはならない。特に、リトミックや絵画の指導、運動能力の向上、学習能力の向上等、うたっているところもあるが、子どもの興味関心なども考慮して、無理のないようにしたいものである。

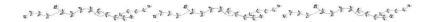

第3章　高齢化する障がい者たち

　ここでは、自閉スペクトラム者や発達障がい児の年齢が高くなった時の注意事項などをまとめてみた。誰しも年齢が高くなると、病気になりやすい。そこで、自閉スペクトラム者や発達障がい者たちに、自分が年老いていくという感覚を持つことができるようにしてあげたい。それは、遅々として進まないかもしれないが、少しずつでも意識が持てるようにしたい。

1．高齢化とは

　我が国の総人口（2021年10月1日現在総務省統計局）は、1億2550万2千人で、前年に比べ64万4千人(-0.51%)の減少となり、減少幅は比較可能な1950年以降過去最大となっている。

　15年連続の自然現象で、60万9千人の減少で、減少幅は拡大している。男女別にみると、男性は31万4千人の減少、女性は29万4千人の減少となり、男性は17年連続、女性は13年連続の自然減少となっている。

　年齢別の人口では、65歳以上は3621万4千人で、前年に比べ18万8千人の増加となり、割合は28.9%で過去最高となっている。

75歳以上人口は、1867万4千人で、前年に比べ7万2千人の増加となり、割合は14.9％で過去最高となっている。

　最近は、超高齢化社会ともいわれるようになっているので、障がい者が老いる前に考えておきたいことをまとめてみたい。

2．保護者の相談内容の変化と対策

(1) 保護者の相談内容

　どんな人も年齢が高くなっていく現実がある。幼い頃出会った可愛いかった思い出も、時が経て出会ってみるとすっかり大人になっているので驚かされる。教育相談で関わった保護者の方も幼い頃と違い、年齢とともに主訴が変化していることが分かる。

　子どもが小学校入学のころに多く受けた相談内容は、「特殊学級（現、特別支援学級）に入れたくない、普通学級に入れたい、お友達と一緒にいると学べるから」というものであった。昭和30年代では、特殊学級には入れたくないという保護者が多かったのではないだろうか。保護者も子どもも歳を取るにつれて、「特殊学級（現、特別支援学級）」の存在を認めるようになり、高等学校は「特別支援学校高等部」を選ぶようになっていった。日本の教育政策として、自閉症児・発達障がい児に対応できる高等学校が少ないからでもある。現時点では、特別支援学校高等部の入学者が増加の傾向にある。むしろ、高等部にいくことで、子どものニーズに応じた指導をしてもらえること、卒業後のことも心配してくれると保護者は話している。

　最近、本人の職場が決まった成人の保護者も、子どもの老後が心配だと話されることが多くなった。どこの施設がいいのかと聞かれることが多い。答えは、「なるべく本人自身が施設に入ることを了

解して決めること」と答えている。施設の入所に当たっては、「自分の住んでいる市町村ならいい」、「少し離れていても安心してあずけられる施設がいい」、「入れるところなら、どこでもよい」というそれぞれの声が聞かれる。

　しかし、そうはいっても社会福祉施設への入所は困難な状況である。立地条件もあるが、入りたい方が順番待ちをしているところもある。確かに、自分たち親がいなくなったらと考える方も多い。早く施設を決めて、安心したいということでもある。

(2) 本人と両親との関係

　施設を利用する前までには、両親との関係を良好にしておきたい。それには、家庭生活の中で毎日を大切にすること、家での日常生活の習慣を大切にすること、休みのときは退屈をしないように食事に連れて行ったり、旅行に行ったりをお勧めしたい。有名な観光地でなくても、動物と出会えるところ、遊園地、貝拾い、山歩きなど両親と行ける時間を作って、良い思い出を作ったらどうであろう。本人にどれくらいの記憶が残るかは分からないが、両親との思い出を作ってあげたい。両親と共に歌を歌ったり、写真を撮ったり、絵を描いたりして過ごした思い出作りをしてほしい。

　すでに施設を利用しているのであれば、宿泊を申し出て1日か2日利用してみることも大切である。宿泊から帰ってきたときは、睡眠の状態、食事、体重、熱などを計り、適応状態を確認して欲しい。本人が施設に帰りたくない様子のときには、施設でいやなことがあったのかを、ゆっくりと聞き取ることが大切だと思う。どう対処するのか、話し合うことで、納得のいく方法を探し出して欲しい。

(3) 病気について

①確認

　施設に入所していて帰ってきた場合は元気で帰ってきたのか、いつもと違って様子がおかしいのか、よく観察して欲しいと思う。うまく話せないときには、具体的に体を指して、どこが痛いのか痛くないのか、痛い部位はないかゆっくり聞いてみることも大切である。

②病識

　自分が病気になっているという自覚がないことが問題としてよくあることだ。また、病気になっても近くにいる大人の人に訴えられないことがある。家庭にいるときには、熱が高かったり、様子がおかしかったりと思ったら、病院や医院に連れて行って欲しい。このようなときのために、クリニックの先生に普段からよくお願いをしておくことが大切である。大抵の施設では、朝・夕、体温を測っているところが多いので、すぐ処置されると思われる。

③病院へかかる際の注意

　熱などは家で計っていくとか、痛いところがないかなど事前準備をして、注意深く観察してから病院にかかることが大切である。言葉のない方の場合は、特に注意をすることである。

　病院に連れて行くと広い廊下など走りたくなったり、部屋を覗きたくなったりすることもあるので、しっかり付き添っていることが大切である。待ち時間の長い時には、病院内を静かに歩くことを約束して、トイレ、洗面所、売店、食堂などを、保護者や付き添いの人と探索してみるのもよいであろう。

(4) 身体の衰えへの対処

①身体の変化の確認

- 今まで元気でいたのに、なんとなく動作が遅くなったときには、よく観察をすることである。熱がないか、脈拍はどうか、痛いところはないか、調べて大丈夫な時には、散歩などに誘うようにする。ぐずって行かないときには、よく話してどうして行きたくないのかを聞いてみる。

- 飛んだり跳ねたり今までできたことが、うまくできないようになったとき、無理に飛ばなくてもよいことを伝えるようにする。分かりやすく、やさしく伝えるようにする。また、歩行の変化の確認をし、自分の力でしっかり歩けているのかなどをみる。靴にも注意してみる。

②食事について

- 食事の量についての変化がないか。太りすぎの場合は特に注意すること。
- 味付けの好みについて、変化はないか。
- 栄養状態は保たれているのか。
- いままでのおやつの量や食べ物の固さ・大きさなどに注意すること。
- その子なりの病気のある時には、主治医とよく相談をして、薬をきめられた時間に飲めるようにしておく。

③衣服や生活関係

- 衣服などに好き嫌いがあるかと思うが、なるべく着やすく軽いものがいい。

- 歩行状態を確認して適切だと考えられる靴を選ぶ。
- 排泄については、毎日、なるべく決まった時間にトイレにいくように習慣化する。
- おなかの具合が悪くないか、便秘・下痢になっていないか。よく気をつけてみるようにする。

④介助が必要になったら

　介護が必要になったら家の人が無理をせずに、訪問介護などを利用することも大切である。無理に保護者が頑張らなくてもよいと思う。訪問を市町村にお願いをすることが重要になる。保護者が頑張り過ぎると病気になり、介護が出来なくなってしまうので、注意すること。

居宅介護	：自宅で入浴、排泄、食事の介護をしてもらうこと。
<u>重</u>度訪問介護	：重度の知的障がいの人で、入浴、排泄、食事のほかに、移動支援、入院時の支援等を総合的に行ってもらうこと。

　家庭での介護が難しくなったら施設入所支援、グループホームの利用も視野に入れるようにしたい。しかし、最近はどこの施設も空きのない状況である。申し込んでも空きが出るまで待つ状況である。なかなか入所できなかった人でも、年齢が高くなって入所できたという報告もあった。両親の病気、死亡などの急を要するときは市町村の福祉課等で入所先について相談してみるのがよい。

(5) 終の棲家をどこで迎えるか

①終の棲家

　終の棲家となるのは、多くは施設・実家、病院になるかもしれない。なるべく知っている場所の方が本人にとっても安心かもしれない。緊張するようなところは避け、安心していられるところが良い。ご両親のいない場合は、施設かもしれない。すでに、施設で亡くなっている人を施設の墓に祀っているところもある。

②家庭、学校、施設の皆と楽しい思い出作り

　家庭にいるときには、両親、兄弟姉妹などと散歩に出かけて欲しい。犬や猫などの動物のいる場合には、散歩などを両親、兄弟姉妹などと行って、動物の絵と名前を書いておきたい。時々でいいので、お父さんやお母さんの顔を描いて、名前などを書いておく。学校でも楽しい思い出をノートに書いておこう。老年期になったときにノートをみて、当時のことが思い出せるか、話し合ってみる。特に学校（特別支援学校等）の場合は、意図的にノートを作って、写真なども貼れるようにして思い出を作って欲しい。当事者のわかりやすい方法を身につけるように工夫をする。

③亡くなる前までにしておきたい相続

　両親がなくなる前に決めておきたいことは、相続についてである。子どもの数などにより、相続の額が違うが、配分された額をどのようにするのかを、両親がいるうちに各家庭で決めておく必要がある。利用者に渡したところ、全額使ってしまったという話もある。

　また、施設に預かってもらっておくことも可能かと思う。しかし、預けたお金を使われてしまったという話も過去にはある。お金のこ

となので、信頼のおける人への依頼も考えられる。その中の一つが、弁護士に預かってもらって、施設などへの支払いをしてもらうのである。利用者がどれだけお金について、考えられるかということも大切である。

　成年後見人（弁護士など）をお願いすることも出来るので、よく考えるとよいと思われる。

　自閉スペクトラム者の成年後見人については、希望者が多いと思われる。この制度は、認知症、知的障がい、精神障がいなどとなっており、多岐の障がいにわたるので、自閉スペクトラム者、発達障がい者などに関しての見直しがあるかもしれないので、法務省の情報に注意して欲しい。成年後見制度には、法定後見制度と任意後見制度がある。

④保険・お金について

　保険に関してはなかなか一般の保険は難しいと思われるが、一般社団法人日本自閉症協会 ASJ 保険、ぜんちのあんしん保険（ぜんち共済株式会社）がある。詳しくは、日本自閉症協会 ASJ 保険やぜんち共済に問い合わせて欲しい。

【ASJ 保険パンフレットの一部〉を紹介しておく。】

　数社の保険会社を尋ねてみたが、障がいに関するよい返事はもらえなかった。これからの共生社会を考えるとき、発達障がい者が増加すると思われるので、一般の保険会社でも考慮して欲しいと思った。

　一方、親自身が障がい児に残すために障がい者扶養共済制度というものもある。親が死亡又は重度の障がい者になった際に年金のような形で毎月支給されるものである。

　障害者扶養共済制度（しょうがい共済）を使うと、保護者が毎月掛金（1 口 9,300 円から 23,300 円、2 口まで）を支払うことで、保護者が死亡や重度の障がい者になったときに、障がいの子どもが亡くなるまで、毎月 2 万円（2 口の場合は 4 万円）の年金がもらえる制度である。子どもが亡くなるまで、貰えるということは、保護者にとっても安心な

ことだと思う。

　この他、掛け金免除などもあるので、加入時によく考えて加入されることを願う。各都道府県で取り扱っているので、パンフレットなどを利用されるのもよいだろう。

　遺族年金や本人の障がい者年金額などと合わせて考えることが大切であろう。また障がいのある方の親が亡くなった後の経済面・生活面での支援に利用できる各銀行で取り扱っている特定贈与信託というものある。

　特定贈与信託を利用すると、最大6,000万円までの贈与税が非課税となり、信託を受けた人や機関が信託契約に基づいて定期的に障がいのある方に金銭を交付することができる。そのように金銭的な管理をしてもらえるメリットもある。

　特定贈与信託は特別障がい者が安定した生活を送ること、安定した治療を受けることが目的であるので受託者から交付された金銭は生活費や療養費にしか使うことができない。メリットだけでなくデメリットもあるので、よく検討してほしい。

　保険については、お金がかかるので、無理のないように両親で考えて欲しい。くれぐれも無理のないように慎重にして欲しい。

⑤延命治療や告知について

　ご両親が亡くなられていたとき、病気で入院中のときなどに、施設利用者が病気で入院している場合、病院から施設の理事長、担当者に病気の治療や告知、延命治療などが伝えられると思う。施設側でどう対処すべきか、施設側の判断に委ねられるだろう。どの利用者にも、このときが訪れるので、慌てないで対処して欲しい。

　筆者が願うのは利用者が苦しまないで、静かに息を引き取ること

ができるようにということである。また延命治療はしないで欲しいという願いもある。当事者が延命のために苦しむことがないようにしたいからだ。

　そのためには、ご両親が存命のうちにどのような終末医療を選択するのか事前にしっかり確認して書類を作成しておくことが望ましいと考える。入所施設や病院と意思疎通が図れるように市販のエンディングノートを利用するのもよいだろう。

　延命治療、いわゆる生命維持に対する措置は人工呼吸器装着、中心静脈管や胃管などを通した人工栄養補給（胃瘻、経鼻栄養）、点滴などによる水分補給、腎臓透析、化学療法、抗生物質投与、輸血など多岐に渡るため、ただ延命治療は行わないというだけではなくて事前にこれらの簡単な知識を有しておくとよいだろう。

　延命治療を行わない＝なにもしないではなく、苦痛を取り除くような緩和医療は積極的に行ってもらい、安らかな最後を迎えられるようにして欲しいと思う。

⑥看取り

　看取りは身内の方々にお願いしてもらいたいと願うが、身内の方がすでに亡くなっていることも想定されるので、その際は施設で厳かに遺体を葬ってもらいたい。

　最近の「看取り」の使い方としては、最期を見守るという意味で用いられている。終末の医療はどうすべきかについては、「ターミナルケア」ともよばれ、終末期の医療のことで、治療などを行うことを指す。

　入所している場合は、福祉施設で病気のときには入院、見舞いなどを手配されると思われる。この時、両親が元気であれば、病院に

入院したことが伝えられると思うが、亡くなっていた場合は福祉施設で責任をもって看ていただけるだろう。それに、兄弟姉妹や祖父母や親戚にも連絡がいくだろう。

　看取りについても、両親にお願いすることは不可能の場合が多いと思われるので、できるだけ施設の方で看取って欲しいとお願いをしたい。施設によっては、以前から入所者の看取りをして保護者の代わりに荼毘に付し、火葬にしたのち、残った骨をお寺の墓地の中に埋葬しているところもあった。何人かのお名前が墓碑に掘ってあり、拝ませていただいた記憶がある。そのお寺は貞観12(870)年、理源大師によって創設されたとうかがった。

　施設で葬儀を執り行ってもらえる時も近親者が集まれるように、普段からの準備が必要と思われた。施設の入所者の方が亡くなり、お知らせをしたが、誰も見えなかったという話を聞いて胸が痛んだ記憶がある。

　最近、看取り士という旅立ちの時を安心して迎えられるようにする専門職の資格が出来たというニュースを知った。全ての人が最後を満足して旅立てるような支援をする専門職とのことではあるが、障がい児にとってはあまり必要がないように思える。むしろ見慣れない人への緊張感が出てくるのではないかと心配になった。

⑦お墓について

　誰しも死を迎えるのであるが、自分自身では、納骨などできないので、誰かに依頼しておかねばならない。特に、自閉スペクトラム者や発達障がい者の場合には、すでに両親が亡くなっているものと思われるので兄弟姉妹、叔父叔母などの親戚に依頼することもあるだろう。しかし、孤児になっていた場合などはどうしたら良いのだ

ろうか。

　お墓は各家庭にあるものと考えれば、亡くなった後に納骨すればよいことになる。しかし、これからの時代は必ずしも各家庭にあるとは考えられていない人も出てくると思われる。代々守ってきたお墓に入れてくれる人がいる、共同墓地にいれてくれる人がいる、施設で持っているお墓に入れてもらう人など様々であろう。最近のお墓の事情としては、樹木葬や海や山等に遺骨をまく散骨に、納骨されるかは、本人の住んでいた地域にもよると思われるが、生前に両親と打ち合わせておく必要があるだろう。

　親のいる間からこの点ははっきりと決めておくとよい。お墓のある場所は、寺院のなかにある「寺院墓地」や民間の経営する「民間霊園」、公営の経営する「公園墓地」がある。

　親族がいなくて近くのお墓に納骨できない場合、共同墓地に入ることも考えておく。あるいは施設で共同墓地を持つことも必要になってくるだろう。両親のいるときから、この点も考えておく必要がある。各家庭にはそれぞれ事情があると思われるので両親のいるうちに決めておくことが求められる。

　ここで、当事者のお墓のことを考えていたが、昭和学園（楠峰光理事長）では、当事者の父母の亡くなった廟を裏山に作り、祥月命日に墓参させ、みんなで踊ったり、楽しく食べたりして、学園の行事の一つになっているという話しを聞き、これも大切なことだと思った。

3．死について考える

　誰にでも死はおとずれる。命のある限り、幸せに過ごさせてあげ

たい。しかし、不幸にして、保護者より早く息子さんを失ったご両親に出会ったときの話である。子どもが親より先に逝ってしまうのは、親にとっては、一生忘れられないことだと思う。

(1) 子供がご両親より早く亡くなった時

　ケンちゃんの家を訪ねたときの話である。ケンちゃんは、筆者が訪ねると、私に懐かしい歌（どんぐり、うみなど）を聞かせるために、ぎこちない手つきで、カセットを用意してくれた。懐かしい歌なので、筆者は手拍子で歌った。一緒に聞いている両親も幸せそうな表情であった。何度か訪れると、私に音が鳴ると花が動くおもちゃを大事そうに見せてくれた。こうして出会っているうちに、懐かしい友達になれたように思った。しかし、息子さんは病のため、両親に見守られながらこの世を去った。お線香をあげるために、ご両親を訪ねた時に、ご両親から「いい息子だった。この子を残して自分たちは死ねなかった。でも看取ることができてよかった」としんみりと話された。この息子さんとの思い出は、筆者の記憶の中にも生きている。

(2) 大切な娘さんを亡くしたご両親　山田登美子

　もう一人、急性心不全で若くして亡くなってしまった娘さんを思う両親の気持ちを、日本自閉症スペクトラム学会20周年記念誌『新たな未来へ』に寄稿されたお母さんの文章を紹介し、亡くなられた娘さん（真理さん）の手紙を紹介したい。（手紙の紹介は、ご両親の了解を得ております。）

【日本自閉症スペクトラム学会 20 周年記念誌から一部抜粋

　記：山田登美子、日本自閉症スペクトラム学会会員（以下、学会会員）】

　笑顔が可愛い我が娘、生きるエネルギーを与え続けてくれた我が娘、私を親、教師、人間として育ててくれた我が娘、私がこの研究会に関わるきっかけになり、続ける力の源である我が娘は、21 歳の 2011 月 2 月 11 日に急性心不全で帰天してしまいました。あまりに突然の喪失から、自分自身の生気も感じられず空になったような無の時間が流れましたが、21 年間共に生きてきた貴い時間に感謝し、家族に支えられ、「お母さんは障がいを持った子どもたちの教育にがんばるんだよね」という真理との約束をエネルギーに、ていねいにを心に、再び娘に笑顔で会えるまでこれからも歩み続けていくでしょう。」

　※この研究会＝日本自閉症スペクトラム学会のこと。「ていねいに」は「細やかな変化に気づき、優しくていねいに対応をすること」

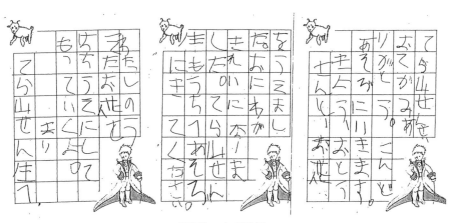

真理ちゃんの手紙

いずれのご両親も亡くなった子供への悲しみが大きく、「先立つ子供はとても良い子だった。」といわれるのもうなずける。息子さんを亡くされたご両親は、二人ともすでにお亡くなりになっている。もう一人の娘さんのご両親は、長い間苦しまれたようだが、今では生きづらい子どもたちのために、頑張っている姿に頭がさがる。

(3) 親が先に亡くなると思われている場合

　一方、子どもの方が親より長生きの場合、誰が面倒をみるのかということが問題になる。最近、子どもの数が少ないので、兄弟姉妹のいる人も少ないと思われ、親としては他の兄弟姉妹に面倒を見てもらいたくないという人が多い。親亡き後のことが心配になることもうなずける。施設・病院で看取ることも多くなると思われる。

　80・50問題が今問われている。80歳代の親が、50歳代の子どもみるという深刻な問題である。これは、長年引きこもっている子供と世話をしている親の問題とされるが、自閉スペクトラム者、あるいは発達障がい者という大きな枠でみた場合に限ってみても、起こる問題でもある。頼める場所や人を頼んでおかねばならないことでもある。自閉症で引きこもりということは、余り耳にしないが、かくれ引きこもりがいるかもしれない。

　内閣府からの調査では、2019年3月時点で中高年の引きこもり人口は61万3千人も存在しているとされている。自閉症者の方で、引きこもりの方は、あまり聞かないが、調べることも必要かもしれない。施設に入るにしても、入りたい人の数だけ、十分な施設があるのかを調べる必要があろう。施設も狭き門となる日が来ないように、今から計画的に施設や介護老人施設などを建設する計画が必要となろう。

　特別養護老人ホーム（特養）もなかなか入れない現状にある。特別養護老人ホーム（介護老人福祉施設、特養）は、要介護度3以上とされており、かなりの老化が進んだ状態での入所となる。それでは、障がいのある方には、介護度3まで待てない場合も出てくる。年齢も民間施設の場合は、60歳以上であるが、公的施設の場合は65歳以上である。ぜひ、自閉スペクトラム者あるいは発達障がい者などの生きづらい方々のために必要な施設数は確保したい。国の政策に期待したい。

4．これからの親の願い

(1) 我が家のこと　松田裕見子（学会会員）

　息子が現在の作業所に入れていただいた頃、60歳、70歳代の保護者がたくさんいらしたため、親御さん亡き後の障がいのある子どもさん達の処遇を観ることになった。その結果、自分達はもっと早くから考え、行動し、年老いた自分たちが息子と暮らし、世話をして、共倒れになることなどない様にしようと努力したつもりだったが、結局74歳の父と73歳の母と48歳の息子が今も一緒に暮らしている。

　これは一言で言えない巡り合わせや原因となる辛い出来事もあってのことだが、自分の力のなさが悲しい時もある。現在の願いは、組織としてしっかりした、そして心もある良い施設に息子を入れ、安心しきれるということはないまでも、もう暫く様子を観、ある程度見通せた処まで何とか元気でいたいということである。

　娘（息子より2歳上）は、何かあったときには力になってくれている。唯、その夫に弟のことで遠慮しているところがあると思われるし、

子ども時代も弟のことで辛い思いもしていると思われるので、出来るだけ娘一家にはやさしく気を使い、金銭的なこともできる範囲で必要な時には援助している。

　私たちがいなくなっても娘一家の中に私たちとの心地よい思い出がたくさんあれば、息子に対する思いや対応もやさしいものになってくれるのではと思っているがどうだろう。

　遺産という程のものはないが、これも差をつけないで同じように姉に少し多目に出来ればと思っている。唯、私たちがこれからいつまでどんな風に生きていけるかわからないので、確かなことは言えない。そして娘にはうんと長生きして欲しいと思うが、これも勝手な思いである。そしてなによりもこの日本が平和であること、それが絶対条件だろう。なお、今に一緒に暮らしている私たちだが、それはそれで幸せである。息子も親元にいられて嬉しそうにゆったりしている。これはこれで感謝して毎日過ごしている。

(2) 佐藤さんのこと

　佐藤さんは、保護者会会長を私の次にやってくださった頭の良いしっかりしたかたです。子どもの頃、お母さまがお兄さんと学校へ行ってしまうと、自分でパン屋さんへ行き、サンドイッチを買い、それを切ってお弁当箱に入れて、幼稚園にもっていったという。まけじ魂の人です。生前のお母様からお兄さんのことを何も頼まれてはいないということですが、このミニ講演後、3・4年すると、お兄さんは次々病気をして今も入院中です。しかし、妹さんは一家を信頼し、前向きに過ごしておられます。私は、佐藤さんからたくさん学びました。そして、私の娘の気持ちも推しはかることが出来ました。兄弟が斉藤さんの様にはほとんどの人が出来ないと思います

が、こういう妹さんがいることを知ることが出来て、有り難く思います。私は、彼女をたくさんたくさんほめ、御馳走したりしています。それは、私が彼女だったら、やはりうれしいことだと思うからです。でも、賢い彼女はどう思っているでしょう？

(3) A さんのこと

　A さんは、生前明るく社交的な方でしたが、ホテルマンだったご主人が40代で倒れ、おからだが不自由になられたそうで、多くは知りませんが、ご苦労が多く、大変だったようです。他に身寄りがなく亡くなる前、ご自分の土地を半分寄付し、そこにできたグループホームに娘さんを入れられました。が、娘さんが寮母さんに虐待されていることがわかり、しかも土地を寄付された法人の対応が悪く、娘さんの後見人である弁護士さんから、法人に対する質問状を読んで、私は驚きました。それは亡くなられたAさんとお子さんに対する心情あふれる通り一遍でない暖かいものでした。聞けば、その弁護士さんとは長いお付き合いだったようです。自分が居なくなったら、本当に独り残される娘の為に、賢くいろんな手だてを打って置いた気がします。この方もすごい方だと思います。

(4) これからの親の願い　関谷晴夫・晶子 (学会会員)
【ある相談から】

　お母さんは、長い間、息子さんの相談で通ってみえた人である。最初は息子さんが天才かもしれないと思っていたようである。というのは、3歳から文字を書き、読むことができていたからである。
　小学校入学に当たって学校サイドには、「特殊学級 (現、特別支援学級)」を勧められたが、保護者は受け入れることができなかった。そ

のため、研究所に相談にみえたというわけである。たびたび校長先生や担任に特殊学級を勧められたようだが、保護者は断り続けたようである。中学校への進学の時、保護者はいじめを気にして、特殊学級を選択された。

　中学校には、筆者自身はしばしば見学に行った。普通の発達からは遅れているといわれた。しかし、彼のもっている能力は伸ばして欲しいと頼んでいた。

　中学 3 年あたりから筆者への相談が全くなく、どうしたのか心配していた。後で知ったのであるが、普通高校への入学を考え、学校を選んでいたようだ。入学が終わってから、私立の高校に入学できたという報告があった。通学ができているという報告を受けていたが、そのうち、どうも学校ではうまくいっていないようだとのことだった。その高校の目的は、「生きづらい人でも、社会性に乏しくても、どんな人でもよく世話をする」とのことであったようだ。

　ご両親から詳細に書かれていた記録が送られてきたので、そのまま記録として掲載させていただいた。（ご両親には了解済み）

【これからの親の願い（関谷晴夫・昌子 、学会会員）】

　長男 N 男、1978 年（昭和 53 年）5 月 21 日生まれ、現在 44 歳です。育成過程を振り返り、親亡き後の本人の、生活について述べてみたいと思います。

　3、4 歳の頃から、クレジットカードのデザイン、シャンプー・リンスの色と形とラベル、カセットテープの形状、交通標識の型と数字に、中学生からは洋酒ボトルの形（かたち）に興味を示していた様子。 それぞれを絵に描くようになりました。『風の散歩』1999 年寺山千代子先生監修の本に掲載していただきました。

　義務教育終了後、各種学校である「アンデルセン高等学院」に入学しましたが、学校になじめず中退(約 7 か月間通学)。初めの 1 か月は母親が電車通学(YRP 野比 - 横浜 - 海老名 - 本厚木：3 回乗換)の付き添いをしました。11 月まで通学し以降不登校、翌年 3 月自主退学。

　1996 年(平成 8 年)、極力自立出来るように、自宅に引き込もらないように、母親とアルバイトをしてみることにした。一つは、月 3 回のポスティング(18 歳〜 24 歳)、もう一つは夏期・冬期の宅急便(18 歳〜 19 歳)である。当時は絵を描くことが好きで、描くことに没頭し昼夜逆転の日もあり、より強く外へ連れ出したいとの思いがありました。

　また、自転車が好きで、一人で時々遠出をすることがあり、当時「安心だフォン」といわれる PHS を持たせたことにより、以後も電話だけはできるようになりました。この頃、帰りが遅くなり心配で「今どこですか？」と電話すると、元気に「ここです」と答えてくれました。

　2001 年(平成 13 年)4 月に社会福祉施設に通所生として入園。家ばかりの生活を心配して、前年より市福祉課に相談をしていたところ、4 月開園予定の入所者男女各 20 名計 40 名、通所者 10 名のこぢんまりとした清潔な雰囲気の社会福祉施設を紹介され開設と同時に入園することができました。

　好きな自転車でなら通園できるだろうと当初自転車での登園。初年度は週 2 日の登園で開始、翌年から週 3 日、翌々年から 5 日間登園出来るようになりました。

　2004 年(平成 16 年)1 月から自転車からバス登園に変更。天候に左右されて通園が難しいこと、たまたま前後して、自転車の交通ルールが難しくなった為。それもあってか以降自転車を卒業。

　入園後の園での活動内容は月 1 回の短期入所(本人にとっての宿泊訓練と親にとってのレスパイトになり大変有難かった)、その他、長距離散

歩、原木シイタケ、受注品(マット)の作成などの作業実施。コロナ
禍で一時休止中であるが、年1回の宿泊旅行、家族参加の「夏祭り」、
「スポーツレクリエーション(運動会)」等の年中行事等。 この頃には
職員の方々の援助で、作業を含めて何にでもよく参加出来るように
なっていました。

　2015年(平成27年)6月、通所していた社会福祉施設の入所生となり
ました。決定までは半月間をかけ、本人の意思をしっかり確認しました。
　月曜日から金曜日までは社会福祉施設で4泊、その後自宅で3泊
という生活になり、月曜日の朝の登園と、金曜日の夕方帰宅の送迎
は親が実施。活動内容は通所時と大きな変化はありませんでした。
　一番好きな絵は現理事長の「園長先生の顔」で、次は居住地区の
花火大会会場に掲示される「ボンボリ」と「洋酒(ボトル)の絵」です。
社会福祉施設の栞にも「洋酒(ボトル)の絵」が掲載され、地元タウン
誌に紹介されたりもしました。
　2020年からの新型コロナウィルスの蔓延時には緊急事態宣言に
より、一時帰宅や親との面会も禁止となり、長期間施設に缶詰状態
になってしまい、精神的ストレスも大変だったと思うが、担当職員
に要求して家に電話をして、季節の衣替えや、マスク、ティッシュ、
等の 日用品の不足補充要求も出来るようになりました。
　2021年には本人が「帰宅を減らす」と言って、帰宅は月1回(第三
日曜日)だけになりました。なお、これは本人の意向を尊重して実
行しました。
　2022年には施設の担当職員さんから「施設での生活が長くてコロ
ナのこともありストレスがたまっていそう」との提案もあり、月2
回4日間(第二・第四の土曜・日曜)の帰宅に変更。 本人は変更に順応
したようだが、いろいろな状況に難しさがあったらしく、ある日は

大声で叫ぶことでストレスを発散するようなこともありました。

　社会福祉施設に世話になり、通所生活15年、入所生活に代わって7年過ごし、時々帰宅はあるものの親と離れての生活にも彼は慣れました。

　必要が有れば、職員さんに要求して家に電話することもでき、また座イスや小テーブルの購入を手伝ったりも出来ています。

　本人が一人二人の職員さんのことを「恐い」と言うが、親からみると職員も大勢の利用者の対応で大変なので、そのうち息子の理解が進むだろうから大丈夫と思うので、本人に判るかどうかはともかく言い聞かせています。

　帰宅日には、父親とコンビニ巡りや、昼食のドライブに行き、運転の疲れは少々あるにせよ親子で楽しく過ごして帰宅後はのんびり入浴。この時とばかりに夕食作りに腕をふるって息子に喜んでもらっています。時には、ボードウォークという遊歩道を母子で一緒に歩いて、親も親で自分の病気のリハビリとしています。

　2021年（令和3年）本人が、10月にうっかり転んで右上腕骨折により2泊3日の入院手術。約1か月の自宅療養や3か月に及ぶリハビリ通院などで社会福祉施設の職員さん達のお世話になりました。

　〈気がかり〉

　N男「もし、お父さん、お母さんが死んじゃったら僕は？」のように親だけではなくて本人も自分の将来について気にすることがあります。

　親「横須賀ヘーメットに入所しているから大丈夫だよ」、「職員さんのいうことはよく聞くんだよ」、「横須賀ヘーメットを辞めると、一人でご飯を食べたり、お風呂に入ったりができないから大変だ」と答えて言い聞かせています。

横須賀ヘーメット（ヘーメット Hemet スェーデン語「家庭とか本拠」という意味）

〈息子の創作活動〉

施設では5年毎に記念誌が発行されています。

(絵) 麗谷憲明さん

2006年（平成18年）五周年記念詩に「黄菊の花の絵」が掲載されました。

努力は今もまだまだ継続中で、社会福祉施設は死ぬまでの面倒は見るが、途中長期入院などが3か月以上続くと退園せざるを得ない制度となっており、大病をしないように願うばかり。今後は成年後見人の申請をする予定です。

親亡き後、よい施設を利用することができて21年が過ぎて環境にも人々にも慣れているので、何とか心配なく過ごしてくれる、より良く過ごして欲しいと強く願っています。

(5) 筆者が保護者の方々のお話から学ばせていただいたこと

親亡き後、老人ホームに入る年齢までには病気になることもあるかもしれないので、施設入所は、余り遅くないほうが良いと思われる。その前に、家で当事者の世話をしてもらえる家族のいる場合は、施設の利用は必要ないと思う。ただし、両親の年齢も高くなり、病気になる方もいるので、よく考えて決めて欲しい。

後見人については、問題の起こったときだけではなく、普段からの付き合いも大切と思われる。特に成年後見人については、連絡ができることも必要と思われる。

社会福祉施設は若いうちは作業所等で利用し、身体が思うように

ならなくなる前に施設入所をすることを考えるのはどうだろうか。

　自宅で老後をみる人がいる場合は、生活にあきないように買い物に連れていったり、お風呂の好きな人にはお風呂に入れたり、散歩の好きな人には散歩コースを決めたり、いろいろ工夫してみることも大切である。

　ひとり暮らしの出来る人は、なるべく家族の家の近くが良いのではないだろうか。地域の人の力も借りられるようにして、穏やかに暮らして欲しいと思う。見守りなどは頻繁に行う必要があるので、自宅から歩いて行ける範囲が良いだろう。

　兄弟の負担にならないように、地域の訪問看護等を調べて有効に使うようにしたい。最近、看護師などによって作られた看取り士会がテレビで紹介されたので、出張していただけるかもしれない。しかし、自閉スペクトラム者には自閉スペクトラム者なりの好みが有るかもしれない。地域で活動できる人には無理のないようにさせたい。

5．コラム（食事・教材について）

(1) 重度障がい児の給食を担当してきて──元国立久里浜養護学校栄養士より（高橋洋子）

食べることとは

　私たちは無意識に呼吸をして肺に酸素を取り込んでいる。また、無意識に口に入った物をゴクンと飲み込んでから胃に送り込んでいる。その時には自然に鼻呼吸に切り替わっている。口から覗いても見えない奥に、食道と気管が一緒になる部分があり、そこに蓋のようになる弁と呼ばれるものがある。その弁があることによって肺に食べ物が入っていかないようになってい

るので、この機能がうまく働かないと食事が肺へ入り込んでしまい、肺炎などを引き起こすことがある。

　このように生命維持のために人は嚥下という仕組みを持って生まれるが、なんらかの原因で障がいを持って生まれる場合もある。また身体機能の低下により嚥下が難しくなっていくこともある。嚥下とは食べ物を口の中で噛み、飲み込みやすい大きさに変えて口から喉、食道、胃へ飲み送り込むことを指す。

　飲み込みが困難、噛まないで喉へ流してしまうなどの嚥下問題だけではなく、こだわりのものしか食べないなど他の食事問題があることもある。これらにより栄養状態を保てないと結果として健康を損なうので、そのような問題に対してどのように対処していくかは重要なことであろう。

重度障がい児の給食は

　食べることは手の感覚と連動して発達し、自力で食べることが出来るようになる。つまり箸やスプーンを使って食べることに繋がっていく。障がいがある場合は、そうした感覚発達との連動がうまくいかないため、箸やスプーンを使わない出来ないまま体が成長していく。よって、親がいなくても自力で食べられるようにしていく訓練、支援が必要となる。

　必要になってくることは食べるときに持つ道具と手の動きの訓練や支援、食べ物を入れる容器の工夫だ。食べ物をその子に合わせた形態にすることも重要である。

　箸を持つことは難しいので多くはスプーンを使って食べる訓練、支援となる。柄の部分が細いほど握りにくいので、柄の部分をその子が握りやすい太さや形にする。その子が握った上から介助者

の手を重ねて握り、食べ物をすくう、口に入れるという一連の動作を繰り返してその感覚を覚えてもらうような訓練になる。

　器から汁を飲む動作についても同様である。その際、器の工夫も必要でふちがすくいやすい角度のものを選ぶことが重要である。

　柄を握った手の感覚、スプーンと口や器と口との距離感覚はいずれも幼児時期に発達して通過するので、その持っている感覚を本人に備えさせる訓練、支援である。

　このように、長時間をかけて訓練や援助を続けて諦めないことが大切である。子と母の身近な家族内チームワーク、家族外での子の指導にあたっている先生たちのチームワーク、両方の連携が必要で、どちらも相談や報告をしやすい姿勢が長続きの大切な要素だろう。このような仕組み作りのある地域社会になれば良いと切に願っている。

(2) 教材の工夫について──元学習研究社編集者より（中山幸夫学会会員）

これからの教材

　仕事柄、教材販売各社の教材カタログに触れることが多い。障がいがある子の保育・教育・療育を進めている学校ほか施設向けのものである。毎年秋から春にかけて発行されている。各社とも、自社で開発したオリジナルな教材もあるが、それはごく一部で、大半は国内外の各種メーカーが製作し、販社に販売を依頼して来るものである。だから、同じものがどこの社にも掲載されている場合が多い。要請される「教材」は多岐にわたっているし、販社にとっては、自社ブランドですべて揃えたくても、小ロット少量販売では採算が合わないからだ。

　各社共通に載っている教材の中で、「タイムタイマー」という教材がある。初登場は、まだ前世紀末のこと。それから四半世紀。毎年売れ続けており、今では上記の施設に行けばだいたい置かれているので、ご覧になっている方も多いと思う。この世界では、隠れたベストセラーである。

　――タイムタイマー――。何がすごいと言って、時間感覚を身に着けるのが苦手な子どもに、時計が読めなくても、「時間」の見える化を図ったこと。始まりまで(終わりまで)「あと何分？」などが、時計が読めなくても、計算しなくても、設定さえしておけばアラーム音で気づかせてくれる。

　学校では、時刻・時間の指導は、金銭実務とともに、できるだけ身に着けてほしい力。とりわけ時間概念は、将来の自律・自立的な生活には欠かせないサバイバルスキルである。自閉スペクトラム症があるケースでは、時間とスケジュールの見える化は、安心して生活を過ごすためには絶対必要なアイテムとされている。結果的に多くのストレスから解放される。

　従来、教材と言えば、何かを学ぶため、支援者と子どもの間に置く補助的な媒介物をさしていた。しかし、これからは違う。何かを学ぶこともちろん大切だが、学ばなければ普通の生活ができないでは困る。発達の初期にある子どもには、「できる状況作りをして」「首尾よく成し遂げ」「成就感・達成感」を味わいながら、学んでいく、そんな「教材」はもっとたくさんほしい。これは思春期にあっても青年期にあっても同じと思う。さしずめ今はスマホのアプリの開発に期待を高めているところである。

第2部　戦後障がい児教育の変遷

第4章　我が国の戦後における障がい児
教育の変遷

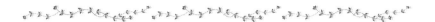

　第4章では、日本における自閉症や発達障がいに関する教育の流れをまとめ、これまでの教育から今日の教育の流れを振り返り、今後の障がい児教育の在り方について考察したい。用語として、自閉症については、従来用いてきた自閉性、自閉症をそのまま使用し、診断基準として DSM-5 を用いた後は自閉スペクトラム症と用いた。発達障がいについては、発達障害支援法の第2条の定義には、「自閉症、アスペルガー症候群、その他の広汎性発達障害、学習障害、注意欠陥多動性障害その他これに類する脳機能の障害であってその症状が通常低年齢にいて発現するものとして政令で定める」のようになっている。本書においては、それらの発達障がいのなかでも、教育の現場の中で特に指導に困難を示した自閉症のみを取り出した。

　自閉症については、昭和18(1943)年にジョン・ホプキンス病院児童精神科部長のカナーが『ナーヴァスチャイルド (神経質な子ども、nervous child)』という雑誌にユニークな症状を示す 11 人 (男8人、女3人) の症例について報告した。論文名は、「情緒的接触の自閉的障害」であった。

　時を同じくして、昭和19(1944)年に、ウィーン大学の小児科部長

のアスペルガーが、「幼児期の自閉的な精神病質」と題した論文を発表した。そして、我が国の第1症例の報告は、昭和28年第49回日本精神神経学会(九州大学)で、鷲見(現中沢)たえ子氏によって発表されている。その後、自閉症と診断された子どもたちが成長し、入園、入学したことで、保育や教育の問題が社会全体に広がっていった。

　この状況を受けて、文部(科学)省が次々と法制度の改正等を行っていった。まさに当初は自閉症教育の初期のころは手探りの指導であったが、昭和44年の杉並区立堀之内小学校の自閉症児のための情緒障害特殊学級、さらに養護学校の義務制、通級による指導、学校教育法の改正など矢継ぎ早に対応が進められてきた。これらの背景には、世界的な流れ(障害者差別解消法)等があり、我が国の教育もそれらの動きに準じて進められてきた。

　これらの変遷について簡単にまとめた後で、今後の障がい児教育の進展について考察したい。

1．戦前から戦後の教育改革

(1) 戦前の教育から

　我が国の戦前の教育がどうなっていたのかを、現在の教育を中心におきながら、簡単に振り返ってみたい。

　我が国に、近代的学校教育制度としての学校教育が導入されたのは、明治5(1872)年からである。それ以前の学校といえば、寺子屋(庶民の学校)や藩校(武士の子弟など)であったが、明治5年の学制の発布により、こども達の学びの場は小学校となり、日本という国の教育として全国に広がっていった。明治以前の障がい者といえば、視覚障がい児と聴覚障がい児が一般の人々にも理解されていたと思われ、

明治 11 (1878) 年に古河太四郎によって京都盲唖院の設立があり、東京では明治 13 (1880) 年、宣教師によって樂善会訓盲院が設立されている。この訓盲院は、のちに東京盲唖学校となり、公立の障がい児教育の原点となっている。これらの影響と当時の思想 (大正デモクラシーなど) の影響を受け、大正 12 (1923) 年に「盲学校及び聾唖学校令」が出された。これを受けて、全国に広まり、数多くの視覚障がい・聴覚障がいを持つ子どもたちが教育を受けられるようになった。

　知的障がい児については、石井亮一が明治 24 (1891) 年に滝乃川学園を設立している。

　明治 23 (1890) 年には、教育勅語が発布されていた。明治 19 (1886) 年の「小学校令」では、小学校を尋常・高等の 2 段階に分けて、尋常小学校の 4 年間は、「義務教育」となった。その後、義務教育 (尋常小学校) が 6 年となるのは、明治 40 (1907) 年の「第 5 次小学校令」からである。

(2) 第二次世界大戦直前の学校

　昭和 16 (1941) 年当時、国民学校の目的は、皇国民の基礎的錬成というものであった。そのため、義務教育年限を 6 年から 8 年に延長している。

　「国民学校令」が出され、尋常小学校は「国民学校初等科」「国民高等科」となった。空襲が激しくなり、戦火から逃れるため、初等科 (小学生) は集団疎開となり、生徒・学生は勤労動員され工場に行き作業に従事させられた。

　1941 年 12 月 7 日の「真珠湾攻撃」により開戦された (1941 年 12 月 8 日米国は「宣戦布告」をした)。第 2 次世界大戦は、3 年 9 カ月に及び、多くの主要都市が焼かれ、さらに広島と長崎に原子爆弾が投下され、

昭和 20（1945）年 9 月 2 日、日本は正式に降伏した。日本の教育は戦時下教育が中心となり、弱いと思われた障がい児対象の教育には陽が当たらない状況だった。

(3) 戦後の新しい教育

　昭和 20（1945）年、日本はポツダム宣言を受託し降伏した。多くの国民は、8 月 15 日昭和天皇の玉音放送により、終戦となったことを知った。米国は、マッカーサー元帥（Douglas MacArthur 1880-1964）を連合国最高司令官に任命（8 月 14 日）し、彼は日本に 8 月 30 日に到着している。占領下での占領政策は GHQ があたった。（GHQ とは、「連合国最高司令官総司令部（通称　連合国軍総司令部）」のことで、General Headquarters of the Supreme Commander for the Allied Powers」の略称。）GHQ は、サンフランシスコ平和条約（1952）まで任務にあたった。

　GHQ の指令により、新しい教育を考えるため、米国教育使節団（27 名）が昭和 21（1946）年に来日している。日本側の教育関係者と 1 か月間話し合い、「米国教育使節団報告書」を作成している。この内容により、日本の教育は大きく変わっていった。日本は、民主主義を取り入れた新しい教育へと様変わりをしていくこととなる。学校教育の枠組みとしては、6・3・3 体制がスタートし、男女共学となった。特に新しく心身障がい児に対する特殊教育学校が、学校体系の中に位置付けられ、現在までも続いている。

(4) 昭和 22（1947）年「教育基本法」・「学校教育法」の制定

　終戦後、「教育基本法」や「学校教育法」が制定されないまま学校は再開され、教科書は従来使っていたものを用い、GHQ から不適切であると指摘された部分には墨で塗って使った。

　当時の国民学校初等科は「小学校」に改組された。昭和 22 (1947) 年には「教育基本法」「学校教育法」が制定された。それにより、小学校 6 年、中学校 3 年の 9 年間が義務教育となった。「学習指導要領 一般編 - 試案 - (抄)」は、昭和 22 年 3 月 20 日に出され、ほぼ現在の形になっている。そこでは、新たな教育への考え方も説かれ、小学校・中学校の教科課程や各教科の時間数が示されている。

(5) 盲学校・聾学校の義務制

　障がい児教育としては昭和 23 (1948) 年、学校教育法により盲学校・聾学校修学義務が学年進行で進められた。昭和 23 年度から昭和 31 年度で義務制が完成している。早くから義務化できたことは、施設設備などが整っていたからであろう。

　特殊学級 (現、特別支援学級) の始まりも早く、戦後すぐにできているところも見受けられるが、情緒障がいに限ってみると、文部省の「特殊教育資料」に「情緒障害」の項目が記載されるようになったのは、昭和 52 年度からである。それ以前は、主に知的障害特殊学級等に入っていたと思われる。特殊学級の名称は、学校教育法の改正により、平成 19 (2007) 年度より特別支援学級となった。特別支援学級の対象児は、知的障害者、肢体不自由者、身体虚弱者、弱視者、難聴者、言語障害者、自閉症・情緒障害者となっている。

2．特殊教育の基本的な施策について

(1) 特殊教育の基本的な施策の在り方について (報告)　昭和 44 (1969) 年 3 月 28 日

　「特殊教育の基本的な施策の在り方について (報告)」は、特殊教育

総合研究調査協力者会議の報告書である。この報告は、心身障がい児の教育に着目した検討の報告書であり、特殊教育にとっては重要と考えここで取り上げた。この報告書は、昭和44年3月28日に文部省初等中等教育局長に出されたものである。その前文には以下のような記述がある。

「わが国の特殊教育は、明治初年少数の先覚者によって開始されて以来しだいに普及し、学校教育としての認識も高まり、戦後の制度的確立とあいまって今日のような拡充発展をみているところである。しかしながら、近年、医学、心理学の進歩および教育実践の成果等によって、心身の障がいにより教育上の問題をもつ児童生徒(以下「心身障がい児」という)の障がいの種類、程度や心身障がい児の能力、特性等が、しだいにより的確に把握されるようになり、昭和42年度に実施された「児童生徒の心身障害に関する調査」からも明らかなとおり心身障がい児の障がいの実態は複雑多岐にわたっており、これに対応できるような、よりきめの細かい適切な教育体制が必要となってきている。」

この報告は、戦後教育が充実しつつあるが、さらなる発展を願ったものである。内容として、「Ⅰ．特殊教育の改善充実のための基本的な考え方」「Ⅱ．特殊教育の改善充実のための施策」がある。その中の施策として、特殊教育機関の拡充整備の方向として、「普通学校における指導体制の整備」「特殊学級の設置促進」「養護学校の設置促進」「重複障害児教育の拡充」「早期教育の拡充」が取り上げられている。

「特殊学級の設置促進」では、その中で「視覚障害、聴覚障害、肢体不自由、病弱、身体虚弱、情緒障害等の特殊学級については、対象とする児童生徒の数が少なく地域的に点在していることから、そ

の実情を十分に把握し一定地域の児童生徒を対象とする特殊学級の適正な設置をはかること」と指摘している。また、「重複障害児教育の拡充」として、「障害を 2 つ以上あわせもつ心身障害児の教育については、特殊教育諸学校に重複障害学級の設置をいっそう促進し、これに必要な教員の配置について改善すること」「児童福祉施設および医療機関に入所している重複障害児については、当該施設または機関内に重複障害児級の設置を図り、または教員を派遣することによって教育の機会の拡充に努めること」とされている。ここでは、「教員の派遣」も視野に入れられていることが読み取れる。県や市の教育委員会が就学猶予・就学免除者に対する訪問指導を独自に実施していた経過もあったといわれている。

　このころは、まだ国立特殊教育総合研究所ができていないので、国立特殊教育総合研究調査研究協力者会議として、文部省初代特殊教育室長でお茶の水大学教授の辻村泰男氏が代表として報告している。その後、辻村は、国立特殊教育総合研究所所長となっている。それゆえ、この報告は「辻村報告」ともいわれている。次に通達も併せて示しておく。

(2) 教育上特別な取り扱いを要する児童生徒の教育措置について (通達) 昭和 53 (1978) 年 10 月 6 日

　養護学校義務制になる、前年 53 年 10 月 6 日に「各都道府県教育委員会、各都道府県知事、附属学校を置く各国立大学長、国立久里浜養護学校長　宛て」に「通達」が出されている。ここには、「第 1 教育上特別な取り扱いを要する児童・生徒の教育措置及び心身の故障の判断に当たっての留意事項」として、「盲者及び弱視者について」「聾者及び難聴者について」「知的障害者について」「肢体不自由者に

ついて」「病弱者について」「身体虚弱者について」「言語障害者について」「情緒障害者について」「2つ以上の障害を併せ持つ者について」「就学義務の猶予又は免除について」の項目を立て基本的事項が書かれている。そして、「第2就学指導体制の整備について」として、各都道府県及び市町村教育委員会の果たすべき役割が示されている。ここでは障がいの種別に関わらず、特殊教育センターの整備や、専門家の参画など障がい全体についての留意点が示されている。

(3) 訪問教育の取り入れ
①訪問教育の制度化

　昭和54（1979）年度から、何らかの理由で学校に行けなかった子どもたちにも、養護学校が義務制となり、就学が義務付けられた。同時に就学免除者、就学猶予者への訪問教育が教育の中に位置付けられた。戦後すぐに義務制にできなかったことの理由の一つとして、設置状況や運用面などが十分でなかったとされている。義務化の前年に、それまで取り入れていた「就学猶予、就学免除制度」が、廃止されている。猶予・免除されていた児童たちは、養護学校（現、知的障害／肢体不自由／病弱 特別支援学校）に、入学できるようになった。以前は入学を断られた児童たちにも、学校への道が開けたことになる。これに伴い、昭和54年を中心に就学免除者・就学猶予者の数が減少し始める。昭和23年度には、就学義務の免除者数は6,083人・猶予者数は31,635人で合計が37,718名であったが、昭和54年度には、免除者960人、猶予者2,424人で合計が3,384人となった。昭和54年の養護学校の義務化により、就学が可能となったことは喜ばしいことであった。一方、病気などの理由により学校に行けない児童生徒のために、教員が病気等の児童生徒の自宅等を訪問して、教育を

行うことも取り入れられている。

②訪問教育の概要

　訪問教育の概要 (試案) が、昭和 53 年 7 月「特殊教育」第 21 号に掲載された。以下ここから引用してみたい。

　「訪問教育は、心身の障害の状態が重度であるか又は重複しており、養護学校等に通学して教育を受けることが困難な児童・生徒に対し、養護学校等の教員が家庭、児童福祉施設、医療機関等を訪問して行う教育であると言える。現在、各都道府県・市町村において、心身の障害のため通学して教育を受けることが困難な児童・生徒に対していわゆる訪問教育を行っているが、今後、この教育措置を「訪問教育」と称し、訪問教育の概要を以下述べるように整理してみたい。」として、次の項目があげられている。

　「趣旨」「法的根拠」「対象」「教育課程等」「訪問教育担当教員の身分、処遇等」について、訪問教育が詳しく述べられている。その内容は、つまり、養護学校の教員が、教育を受けることが困難な児童・生徒に対して、家庭 (病院) 訪問をして、授業を行うというものである。以前は、学校を断られていた児童にも、教育の機会が与えられたのである。

　また、当時、発達に遅れがあるのではないか、自閉的傾向を持っているのではないかなどの児童については、入学を 1 年ないし 2 ～ 3 年遅れて就学させていることも見受けられた。

3. 養護学校の義務制　昭和54(1979)年

(1) 養護学校の設置と学校数・児童生徒数の推移

　養護学校の義務制により、全員就学が義務ということなり、何らかの理由により養護学校に通学できない児童には、訪問教育を取り入れたことを報告した。養護学校がようやく義務制となったのは、昭和54(1979)年のことである。戦後すぐに義務制にできなかったこととして、体制も設備も未整備だったためといわれている。昭和30(1955)年ごろから知的障がい児の保護者たちの運動が展開された。その結果、昭和31(1956)年に、「公立養護学校整備特別措置法」が定められ、養護学校の設置が決定されたが、義務制までには時間がかかった。

　昭和46(1971)年になり、中央教育審議会が、養護学校の早期実施を答申したことにより、文部省は昭和47年度から7か年計画を立て、53年度末までに養護学校の整備をすることになった。昭和48年には、政令で「養護学校の開始を昭和54年4月1日」と公布された。養護学校は、知的障がい児、肢体不自由児、病弱児・虚弱児を対象としている。

　ところが、昭和52(1977)年前後は、ノーマライゼーションが騒がれていた時期でもあり、養護学校義務制反対運動が起こった。主なものとして、「青い芝の会」など親たちの会でも、地域の学校から障がい児を排除するという意味で、反対運動となった。当時養護学校はどこの自治体でも郊外に設置され全寮制が基本であったので、こども達を地域から排除して山間部へ送るようにとらえられていたようだ。しかし、今まで就学がかなわなかった児童たちのために養護学校の就学準備は着々と進められ、**図13**のように増加の傾向を示した。

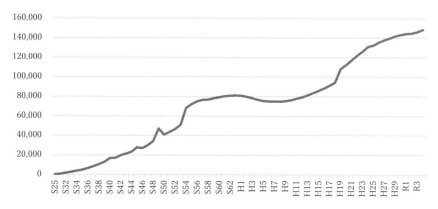

図13　養護学校・特別支援学校 (知的障がい) 在学者数推移

学校基本調査より作成

(2) 養護学校義務制と自閉症教育

　自閉症児のための教育の場として、制度として情緒障害特殊学級が設置されたものの、その後、自閉症児の実際の教育の場としては、養護学校 (現、知的障害特別支援学校) が利用されるようになっていった。特に昭和54 (1979) 年の養護学校義務制 (養護学校の就学及び設置の義務制の実施) 以降、その傾向は顕著となった。それまでは、様々な理由から学校に行けないため、就学猶予や就学免除となっていた障がいの重い児童生徒たちも、養護学校に就学することが義務付けられ、地方自治体には、養護学校を設置することが義務付けられた。行動の障がいや知的障がいの重いタイプの自閉症の保護者たちは、養護学校義務制以降、就学先として知的障害養護学校を選ぶようになった。養護学校が選ばれる理由としては、児童生徒に対する教員の数が養護学校では多いこと、児童性徒にわかりやすい指導を展開

し、基本的生活習慣、健康・体力面での向上、認知・コミュニケーション能力の向上、就労に向けての指導等に務めていることなどが保護者に理解されていったと思われる。また、知的障害養護学校の側でも、自閉症の児童生徒の在籍数の増加に対応し、自閉症の障がい特性に応じた教育に取り組む学校が徐々に増えていった。なお、こうした公立の学校以外で、早くから自閉症児の教育に取り組んできたものに、三重県立高茶屋病院あすなろ学園がよく知られている。また、自閉症児と定型発達の児童を「混合教育」することを目的として、昭和52(1977)年には学校法人武蔵野東学園武蔵野東小学校が開設されている。「混合教育」と呼ばれ、現在の言葉で表現すれば、部分的統合教育(インテグレーション)といえよう。その後、武蔵野東学園武蔵野東小学校は児童生徒の成長とともに中学校、武蔵野東高等専修学校へと広げている。

　さらに、学校教育法の改正により、平成19(2007)年3月31日まで盲学校、聾学校、養護学校という学校区分が、同年4月1日から特別支援学校と一括することに変更となった。法令上の区分では、知的障害特別支援学校、肢体不自由特別支援学校、病弱特別支援学校、視覚障害特別支援学校、聴覚障害特別支援学校となったが、学校名称としては社会通用性や歴史も踏まえて、法改正以前の学校名を使っているところも多い。それらの学校も法令上の学校区分は障がい種ごとの特別支援学校である。

4．自閉症児の出現と教育

(1) 我が国の第1症例

　自閉症の歴史は、昭和18(1943)年アメリカの児童精神科医のカナー

が、ユニークな症状を示す 11 人の症例について、「情緒的接触の自閉的障害」と題した論文を発表したことに始まる。

　昭和 19（1944）年、時期を同じくして、オーストリアの小児科医のアスペルガーによって、「幼児期の自閉性精神病質（1944）」と題した論文を発表した。同時期の発表とはいっても、我が国は昭和 18・19（1943・1944）年は戦時下にあり、まだ教育の領域には入って来なかった。1945 年のポツダム宣言のもと、降伏しているので、実際に入ってきたのは、鷲見たえ子氏の発表まで待たねばならない。

　我が国のレオ・カナー型の第 1 症例は、鷲見たえ子氏によって昭和 27（1952）年に報告されている。当時、鷲見たえ子氏は名古屋大学の研修生で、福岡の日本精神神経学会で、一自閉症児の観察例を報告した。彼女は 1950 年、名古屋大学教授が 6 か月間の渡米から持ち帰った書物の中に、カナーの「情緒的接触を生来的に欠いた症例」を確認し、症例がこれと同じと考え学会で報告したといわれている。鷲見氏の学会での発表後、かなりの質疑などが行われた様子が記録されている。鷲見氏は、その後結婚をして中沢氏となり、「中沢クリニック」で、自閉症の診断・治療にあたり、多くの自閉症児・者の医師として、保護者の信頼も厚かったといわれている。

(2) 文部省による実態調査

　鷲見氏の発表後しばらくして、各地で自閉症児が話題になってきた。当然、幼児期、学齢期になると、幼稚園、普通クラスへの入学となるが、一斉の授業にはついていけないため、教師・保護者の悩みとなった。保護者・教員等の声が高まり、そこで文部省（現在の文部科学省）では自閉症児の実態調査を、昭和 42（1967）年に実施することにした。この調査（児童生徒の心身障がいに関する調査）は、第 1 次と

第2次に分けて行われている。第1次調査は昭和42年6月に第2次調査は同年10月に実施されている。この調査では、言語障がい、情緒障がいを加え、自閉症は情緒障がいの中に位置付けられた。

　第1次調査の対象は、全国の公立小・中学校（特殊学級を含む）の全ての児童生徒であり、各障がいについては、その基準に従って、学級の担任が状況に応じて養護教諭や校医等の意見を参考にチェックしている。障害別基準、「情緒障害」の児童生徒というのは、「知能が普通かそれ以上あり、明確な身体的な障害がないもの」としている。この調査の結果、義務教育該当年齢人口約1400万人のうち、「心身に障害があるか、またはその疑いがある」とされた児童生徒の総数は、小学校と中学校合わせて82万6259人となった。情緒障害児は小学校43,723人、中学校20,756人で、併せて64,479人であった。障害別の構成比でみると、情緒障害は精神薄弱、病弱・身体虚弱に次いで第3位となった。

　第2次調査では、第1次調査でチェックされた児童生徒について、さらに精密な調査を行っている。調査は、対象とされる児童生徒の全数でなく抽出で行っている。判別には、学級担任と専門家が行った。「情緒障害」の部門の内訳は、緘黙の疑い（13％）が最も多く、精神病の疑い（5％）と続くが、分類されない「その他」が一番高い数値（67％）を示している。この調査から、情緒障害の出現率として0.43％という数値が出された。

　この調査後の昭和44年3月に「特殊教育の基本的な施策のあり方について（報告）」が出されており、特殊教育拡充の施策の中では、「視覚障害、聴覚障害、肢体不自由、病弱・身体虚弱、情緒障害などの特殊学級の数が少なく地域的に点在していることから、その実情をじゅうぶんに把握し一定地域の児童生徒を対象とする特殊学級の適

正な設置を図ること。これらの特殊学級は、特殊教育諸学校又は医療機関と提携のもとに運営されるようにすること」が述べられている。また、中央教育審議会の答申を受けて、文部省では昭和47年度を初年とする特殊学級10年計画を策定した。この基本になったのが、先ほどの調査結果の情緒障害児の0.43%であり、そのうち特殊学級で教育を受けることが望ましい児童生徒の出現率は0.06%とされ、10年後の昭和56年度の対象者を9830人と推定している。さらに、人口20万人以上の都市に情緒障害特殊学級を設置することとし、特殊学級の編成・設置が困難な地域に点在する該当の児童生徒に対しては、専門教師の巡回指導方式を取り入れることを検討するとしている。東京都では、昭和43年度に、都内の小学校の在籍児童及び就学猶予・就学免除児童(6〜11歳)を対象として、都立教育研究所が自閉症児の実態調査を行い、第2次調査では、自閉症を疑われている児童に対して専門医による直接的な診断が実施されている。

(3) 自閉症児を対象とした特殊学級の始まりと展開

①情緒障害特殊学級の設置をめぐって

　自閉症児の教育が教育界で問題になり始めたのは、昭和30年代後半から40年代前半である。東京では、通常の学級で自閉症児を指導している担任の教師が集まって「自閉症と言われる子の担任の会」が昭和40年に設立されたが、実際に自閉症児のための学級が開設されたのは、昭和44(1969)年である。自閉症児の指導には、従来からの指導法では、学習にのってこないので、担任の先生方を悩ました結果、担任の会が作られていったものと推測される。

　我が国第1番目の学級は、東京都杉並区堀之内小学校内に設けられた特殊学級(堀之内学級)である。堀之内に決まった背景として、

親の会の運動とたまたま堀之内小学校に空きの教室があったといわれている。この学級は従来の「精神薄弱特殊学級」と区別して「情緒障害特殊学級」とされた。学級の名称は情緒障害とされているが、その対象は、自閉症児あるいは自閉的傾向児の児童である。この時、学級名について文部省内で現場の教師などと検討した結果、情緒障がいの枠組みで調査をしたので、取り敢えず「情緒障害」にしたという報告を聞いた。当時、立ち会った先生方に聞いたところ、自分は言っていないとだけ言われ、必要があったら、変更もありとのことだった。このとき特殊学級の名称を情緒としたことで、自閉症と情緒障がいは同じ範疇の障がいと考えられるようになり、これが教育界において自閉症と情緒障害の概念に混乱が生ずる原因の一つになったと考えられる。

　なお、情緒障がいという用語は、昭和36 (1961) 年の厚生省 (現、厚生労働省) の「情緒障害児短期治療施設」の設置の文書で用いられているが、情緒障がいの定義は、上記の「情緒障害」の定義とは異なっている。つまり、短期治療施設には、自閉症児は含まれていないのである。

　堀之内学級開設1年後の1970年には、東京都世田谷区、徳島県、富山県、愛知県にまた、関西にも情緒障害特殊学級が設置された。その後、情緒障害特殊学級の開設は全国的に急速に広がっていったが、不登校、緘黙、神経症といった自閉症以外の児童生徒も、情緒障害特殊学級に数多く通学するようになっていった。特に、中学校の情緒障害特殊学級では、不登校の生徒の利用が多く、学級の名称も「相談指導学級」などと呼ばれている場合もあった。

②情緒障害特殊学級の増加

　その後、情緒障害特殊学級の数は、平成になり増加の傾向を示している。**図 14** に小学校、中学校の特殊学級の在籍者数推移を示す。情緒障害特殊学級は、前述したように多様な児童生徒を受け入れながら、児童生徒を伸ばしていった。

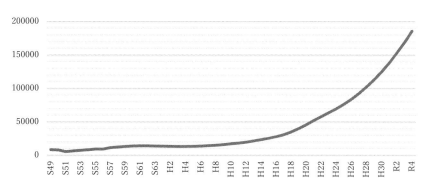

図14　情緒障害特殊学級の児童生徒数の推移（昭和 49 〜）

学校基本調査より作成

③自閉症児への教育方法・指導内容の多様化

　昭和 35 年代後半から昭和 45 年代にかけて、自閉症の中核症状の見方について大きな 2 つの流れがあり、指導ではどのような視点で取り組みを考えたらよいのか議論が分かれていった。情緒障害特殊学級での自閉症児の教育が始められる以前から、一部の先進的な大学や治療機関では「治療教育」と称した取り組みが進められ、そこでは、主に心理療法あるいは遊戯療法が用いられていた。情緒障害特殊学級が開設された時点では、こうした手法を参考に取り組みが開始された。

　しかし、実際に自閉症児と関わった教師からは、すぐに、心理療

法や遊戯療法への疑問が出されるようになり、堀之内学級では、半年の教育実践から以下のような問題が提起された。まとめると、以下のようである。

a. 自閉性の強い子どもの知的なレベルはかならずしも高い水準には達していない。知的な発達はひらめきのある子とない子がいること。

b. 自閉症児は、通常の学級に就学させるべきだといわれていたが、人間関係に疎通性のない自閉症児の場合、初めから大集団というのは無理があるのではないか。

c. 一部の研究者の考えとして、基本的生活習慣の習得に関して、あまり重要ではないと親への指導をしていたが、それを実践してきた保護者の子どもの学校生活は、学校生活そのものを困難にする要素の一つになっていること。

d. 自閉症児の就学は通常の学校であるべきだという見解に対して、子どもの状態、発達の実態に合わせた流動的な就学措置が必要であること。

e. 通常の学級に適応できるまでは就学は見送るべきだという見解に対して、そのような状態になるまで猶予するとすれば、何年先に入学できるか望みのない子どももいるので猶予すべきでないこと。

その後、ラターの認知言語障害説が学校現場に知られるようになるにつれ、認知・言語に関する指導内容が多く取り上げられるようになり、基本的生活習慣の獲得、言葉と数の学習などが自閉症児の教育として重視されるようになった。また、体験を通しての総合的

な学習も体力作り、音楽などの教科的な指導を取り入れていった。さらに一部の教育現場では、海外の自閉症研究の成果を参考に、行動療法、応用行動分析（Applied Behavior Analysis; ABA）、社会技能訓練（Social Skills Training; SST）、感覚統合療法、ティーチプログラム（Treatment and Education of Autistic and related Communication handicapped Children; TEACCH）などといった方法も取り入れられるようになった。

　教育現場では、「情緒障害」という用語が医学の領域と違った意味で使われていたことにより、結果として様々なタイプの児童生徒が情緒障害特殊学級に通うようになっていった。

　情緒障害特殊学級には児童生徒が在籍することを求められており、リソースルームタイプの学級（通級教室）の設置は認められていなかった。当初から教員や保護者のあいだには、通常の学級に在籍しながら、不得手な学習をリソースルームで指導して欲しいと望む声があった。そこで現実の問題解決策として、実質的には通級による指導を 1970 年代から展開していた学級もあった。この傾向は、特に都市部の情緒障害特殊学級に多くみられた。

　また、実施形態として、「自校通級、他校通級、巡回通級」がある。自校通級は自分の在籍する学校の通級指導教室に通い、他校通級は他の学校の通級指導教室に通うこと、巡回通級は通級による指導の担当教員が該当する児童生徒のいる学校に行き、指導するもの。複数の学校を巡回することもある。

(4) 教育の場の広がり

　このように自閉症児教育の取り組みは多様化し、教育の場も、情緒障害特殊学級や知的障害養護学校だけでなく、知的障害特殊学級（現、知的障害特別支援学級）、情緒障害通級指導教室へと拡大していっ

た。また一方では、保護者の統合教育への強い要望から、通常の学級に在籍する自閉症児も多い。現在、自閉症児の学校教育の場は、概ね以下のように多様化している。

a. 通常の学級のみ

b. 通常の学級＋情緒障害通級指導教室（あるいは自閉症通級指導教室）

c. 通常の学級＋言語障害通級指導教室（あるいは言語障害通級指導教室）

d. 自閉症・情緒障害特別支援学級（＋通常の学級との交流・共同学習）

e. 知的障害特別支援学級（＋通常の学級との交流・共同学習）

f. 知的障害特別支援学校（＋小・中学校との交流・共同学習）

g. 病院内・施設内学級（病院や施設から通学）

　（通級指導教室や特別支援学級は、自治体によって呼称は様々である。例：相談教室、養護学級）

　自閉症の障がいの様相や原因は多様であり、言語能力や知能の個人差も非常に大きいため、教育的ニーズも個人個人によってかなり異なっている。そして教育的ニーズの違いによって、多様な教育の場が求められるようになってきたのも必然的な成り行きであった。

　自閉症児の教育では、知的障がいの程度や随伴症状の有無によって指導の在り方は大きく異なるが、一般に、言葉のない自閉症児には、代替コミュニケーションの指導が必要な場合が多く、知的障害特別支援学校での教育は、上記のfが選ばれることが多い。

　なお、自閉症児の就学先により、指導内容・方法も場による制約を受ける。通常の学級では、配慮して指導に当たるか、支援員を配置するのかなどの措置が取られているが、一般に、自閉症児のための指導内容が組まれることはなく、あくまでも通常の教育課程にし

たがって授業が行われている。ところが、平成 21 年 2 月 3 日付け 20 文科初 1167 号通知において、情緒障害特別支援学級における障がい種の明確化のために、それまで特別支援学級の対象としてきた「情緒障害者」を、「自閉症・情緒障害者」と改めている。これによって、従前の情緒障害特別支援学級の名称は、「自閉症・情緒障害特別支援学級」と名称変更されている。自閉症と情緒障がいの違いが認められたことにより、指導内容・方法にも反映されることになった。

　知的障害特別支援学級と自閉症・情緒障害特別支援学級では、指導内容を小・中学校学習指導要領あるいは特別支援学校学習指導要領によるのかを選択している。実際には、在籍した児童生徒の特徴によって決定されている。

　この両学級が併設されている小・中学校では、両学級が合同で授業が展開しているところもある。主に、生活上の決まりを身につける (基本的生活習慣)、言葉と数 (国語、算数)、体力作り (体育)、音楽、図画工作、調理 (家庭科) 等を組み合わせて行っていることが多い。最近は、指導内容・方法について保護者との話し合い、希望を入れるようになってきた。学級編成については、特別支援学級 (小・中学校) の標準は 8 人であるが、現在の平均値は 1 学級 3 人前後となっている。

　知的障害特別支援学校 (旧、知的障害養護学校) も指導内容について学習指導要領で決められているが、実際には、個々の自閉症児の障がい特性や発達の水準、環境 (人的環境、物理的環境) 等を考慮して優先順位を検討し、授業が展開される。最近は、指導内容・方法については、保護者との話し合いが行われ、希望を取り入れるようになってきた。学級編成は、文部科学省で数が決められている。次に通級による指導 (情緒障害通級指導教室) について見てみよう。

5．通級による指導（情緒障害通級指導教室）

(1) 通級指導教室のできるまで

　前述したように、昭和44 (1969) 年の情緒障害特殊学級の開設当初、教員や保護者の間には「通級方式」による自閉症児の教育を望む声も多かったが、通級は制度化されないまま平成4 (1992) 年度まで、いわゆる「固定式」と「固定式＋通級方式の併用」のいずれかの形態で、情緒障害学級での指導が続けられてきた。このことは、文部省の昭和63 (1988) 年における「特殊学級教育課程実施状況調査」にもみることができる。「固定式」というのは情緒障害特殊学級でほぼ全日の指導を年間通して受けるものであり、「通級方式」というのは、児童生徒が通常の学級で指導を受けながら、情緒障害通級指導教室へ特定の曜日、時間によって特別の指導を受けるものである。

　通級制度に関しては昭和62 (1987) 年の臨時教育審議会の「教育改革に関する第3次答申」で、その実施の必要性が提言された。平成2 (1990) 年、文部省は「通級学級に関する調査研究協力者会議」を設置し、通級による指導の実施にあたっての具体的な課題等について検討を行い、同調査研究協力者会議の審議のまとめを受けて、省令改正等の制度面の整備が図られ平成5 (1993) 年4月から実施に移された。通級による指導の対象とすることが適当な児童生徒として、「情緒障害者」の項に「自閉、かん黙等、情緒障害のある者で、通常の学級での学習に概ね参加でき、一部特別な指導を必要とするもの」と示されている。

(2) 通級による指導内容と授業時数

　通級による指導の内容は、障がいに応じた特別の指導（自立活動及

び教科の補充）になる。また、授業時数は、対象となる障がいにより
年間 10 時間から 280 時間が標準となっている。

　実際には、個別指導を中心として、小集団指導を組み合わせてい
ることが多かったが、個別指導を重視すると小集団指導が難しくな
ると思われる。その後、情緒障害通級指導教室の対象児の数は増加
の傾向が続いている。その背景として、通常の学級において、特別
な支援を必要としている児童生徒の増加があると推測される。通常
の学級では、担任教師の配慮により、授業が進められているが、指
導には困難を感じている教師も多いと思われる。

(3) 対象児の明確化

　平成 18 年 3 月 31 日までは、通級の障害者枠として「第 2 号　情
緒障害者」があり、従来の指導の対象者は、「第 1 号　言語障害者、
第 2 号　情緒障害者（自閉症等、選択性のかん黙等）、第 3 号　弱視者、
第 4 号　難聴者、第 5 号　その他心身に故障のあるもので、本項の
規定により特別の教育課程による教育を行うことが適当なもの」と
なっていた。

　平成 18 年 4 月 1 日より、「情緒障害者」は「自閉症者」「情緒障害者」
に分かれたことと、新しく「学習障害者、注意欠陥多動性障害者」が
加わった。

　参考までに、障がい名について、DSM-5（精神疾患の診断・統計マニュ
アル）第 5 版になってからは、「自閉症」は「自閉スペクトラム症／
自閉症スペクトラム障害」、「学習障害」は「限局性学習症／限局性
学習障害」、「注意欠陥多動性障害」は「注意欠如・多動症／注意欠
如・多動性障害」と表記されている。従来用いていた「DSM-Ⅳ」が、
「DSM-5」に改定された。

改正では、「第1号 言語障害、第2号 自閉症者、第3号 情緒障害者(選択性かん黙等)、第4号 弱視者、第5号 難聴者、第6号 学習障害者、第7号 注意欠陥多動性障害者、第8号 その他心身に故障のあるもので、本項の規定により特別の教育課程による教育を行うことが適当なもの」となっている。(学校教育法施行規則140条　学校教育法施行規則の一部改正について(平成18年3月31日17文科初第1177号初等中等教育局長通知))

文部科学省の「通達」による「情緒障害」については「主として心理的な要因による選択性かん黙があるもので、通常の学級で学習におおむね参加でき、一部特別な指導を必要とする程度のもの」としている。自閉症については「自閉症又はそれに類するもので、通常の学級での学習におおむね参加でき、一部特別な指導を必要とする程度のもの」(平成25年10月4日通知)としている。

(4) 通級による指導 (情緒障害) を受けている児童生徒数の推移

1993年度(平成5年度)以降の情緒障害通級指導教室で指導を受けている児童生徒数の推移を図15に示す。

2006年度(平成18年度)より、「情緒障害」が「自閉症と情緒障害」に分かれたことにより、平成18年度以降のグラフは分けて示されている。

通級指導教室の児童生徒数の増加は、対象児が自閉症児に限らず多様化していることが、文部科学省(2002年度)の通常の学級の「特別支援教育に関する調査研究会」による通常の学級が多様化していることを示している。現在、我が国は少子化の傾向にあるが、通級による指導(通級指導教室)、特別支援学級、特別支援学校に在籍する人数は増加の傾向を示している。このことは、少なくとも保護者

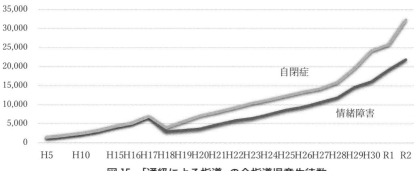

図15　「通級による指導」の全指導児童生徒数

※平成 30 年度から、国立・私立学校を含めて調査

※高等学校における通級による指導は平成 30 年度開始であることから、高等学校については平成 30 年度から計上。

に、特別支援教育が理解されてきているからと思われる。

6．文部科学省による通常の学級の実態調査

(1) 通常の学級の実態

　通常の児童生徒を対象にした調査を文部科学省の「特別支援教育に関する調査研究会」が実施した。この調査は、平成 14 (2002) 年に公立小・中学校の児童生徒 41,579 人を対象とし、回答者は複数の教員で判断している。知的発達に遅れはないものの、学習面や行動面で著しい困難を示していると担任教師が回答した児童生徒の割合は、「学習面か行動面で著しい困難を示す」が 6.3 %、「学習面で著しい困難を示す」が 4.6 %、「行動面で著しい困難を示す」が 2.9 %、「学習面と行動面が著しい困難を示す」1.2 % と報告された。

　この報告以降、通常の学級で特別な支援を必要とする児童生徒数は 6.3% という数値の使用が、多く見受けられるようになっていっ

た。同じ調査の中で、「発達には遅れはないものの対人関係やこだ
わり等の問題を著しく示す」が 0.8% となっており、いわゆる高機能
自閉症やアスペルガー症候群の児童生徒と関連がある数値と推測さ
れる。

(2) 3回目の調査結果から

　この調査は、平成 14 年に始まり、平成 24 年、令和 4 年に行われ
ている。調査対象も増加している。調査対象は、平成 14 年では全
国 5 地域であったのが、平成 24 年では全国（岩手・宮城・福島県を除く）、
令和 4 年では全国地域となっている。文部科学省初等中等教育局の
特別支援教育課の「通常の学級に在籍する特別な教育的支援を必要
とする児童生徒に関する調査結果について」の「過去の調査結果デー
タ集」から以下調査対象と集計結果（一部）を引用する。

1．調査対象

		平成 14 年	平成 24 年	令和 4 年
対象地域		全国 5 地域	全国（岩手・宮城・福島の3県を除く）	全国
標本児童生徒数		41,579 人	53,882 人	88,516 人※
回収数 回収率	児童生徒数・回収率	—	52,272 人・97.0%	74,919 人※・84.6%
	学校数・回収率	370 校・98.9%	1,164 校・97.0%	1,627 校※・90.4%

※小学校・中学校・高等学校の計

2．集計結果（令和4年の数値は小学校・中学校のデータ）

　⑴「I．児童生徒の困難の状況」の調査結果

表11　質問項目に対して担任教員が回答した内容から、「学習面又は行動面で著しい困難を示す」とされた児童生徒数の割合

	推定値		
	平成14年	平成24年	令和4年
学習面又は行動面で著しい困難を示す	6.3%	6.5%	8.8%
学習面で著しい困難を示す	4.5%	4.5%	6.5%
行動面で著しい困難を示す	2.9%	3.6%	4.7%
学習面と行動面ともに著しい困難を示す	1.2%	1.6%	2.3%

　表11の調査結果から、令和4年では小学校・中学校では「学習面又は行動面で著しい困難を示す」児童が推定値ではあるが、8.8%を示している。過去の調査では、平成14年が6.3%、平成24年が6.5%である。令和4年には、8.8%に増加した原因として、次のことが考えられよう。

　最近の傾向として、「①社会全体に、「共生社会を作ろう」との考えが一般に浸透してきている、②障害者差別解消法などが一般に知られるようになった。③保護者は障がいを本人の特性と考えるようになっている、④子どもの長所を伸ばしてもらえる学校を選ぼうとしている⑤通常クラスに入ることで、通級指導教室の指導を受けることができる、⑥補助員を付けてもらえるかもしれない、⑥地域の小・中学校の通常学級に入りたい。みんなといれば、伸びるかもしれない、⑦両親が働いているので、近くの小・中学校に入れたい」などが推察される。

(3) 障がいについての研修の重要性

　現在、8.8%の「学習や行動に困難を示す児童生徒」が通常学級に入っているとすれば、次回の調査では数値はもっと伸びることが予

想される。となると、教師の柔軟な指導力が要求されてくる。クラスの児童の特性（得意なこと等）を観察し、その能力を伸ばすことが求められる。

　一方、最近、教師を希望する人が少なく、退職の教員に補ってもらっている学校もある。退職職員に聞いてみると、指導が難しいという答えが返ってきた。いずれにせよ、今後、増加の傾向を示していくことは、共生社会を目指すのであれば、教師だけの課題ではなく、保護者にとっても大切な課題となる。教師の柔軟な指導力で、多様な児童生徒への関わりを大切にして、学力だけでなく、人間として成長することも認めていきたい。対象児の多様性に関して、教師自身も障がいの知識・指導力などが求められるので、教師の研修を推し進める必要がある。文部科学省や都道府県の教育委員会では、教師ばかりでなく学校に関係している人たちや地域の人たちにも研修の機会を計画し、共生社会の在り方を知らせて欲しいと考えている。

　筆者の関わっている「日本自閉症スペクトラム学会」でも研修（講習）を行っている。学会は、自閉症に関わりのある医師、教師（幼・小・中・高校・大学）、放課後ディサービスの職員、幼稚園、保育所、小・中・高等学校の補助員、学校の非常勤講師、保護者などで構成されている。講義の内容としては、医療、福祉、教育、心理、アセスメント、関連がある。

7．特別支援教育への転換と自閉症教育（まとめ）

(1) 特殊教育から特別支援教育へ

　第2次世界大戦終戦から我が国では、障がいのある児童生徒に対

しては、その障がいの種類や程度に応じて、特別な教育の場（盲学校、聾学校、養護学校、特殊学級）を設けて「特殊教育」を実施し、指導を展開してきた。対象は全学齢児童生徒数の 1% 前後で推移した。

　20 世紀末になり特殊教育が充実するにつれ、我が国では、特殊教育で指導を受ける児童生徒数が増加し、全学齢時生徒数の約 1.5% に近づくとともに、障がいの重度化、重複化、多様化等による質的な複雑化が進行した。また、LD や ADHD への教育的支援の必要性も唱えられるようになり、障がいのある児童生徒の指導には、専門性の一層の向上が求められるようになった。

　さらに、世界的な流れとなった障がいのある児童生徒への IEP（個別教育計画）の作成、ノーマライゼーション、インクルージョン教育への対応、WHO の障がい観の変化（ICIDH から ICF へ）などが背景となり、新しい教育システムを構築する必要性が生じた。

　この新教育システムの構築にあたって、平成 12（2000）年の 5 月に「21 世紀の特殊教育の在り方に関する調査研究協力者会議」が文部省に設置され、学校関係者、有識者による検討が開始された。そして翌年 1 月に「21 世紀の特殊教育の在り方について（最終報告）」が公表された。新システムでは、「一人一人の教育的ニーズを基に支援する」という考え方が特に重要であるということを強調する目的で、この報告書には「～一人一人のニーズに応じた特別な支援の在り方について～」という副題が付けられた。そしてこの新システムを「特別支援教育：Special Needs Education」と呼ぶこととなり、文部省の「特殊教育課」は 2001 年 1 月に「特別支援教育課」と名称変更された。

　なお、「21 世紀の特殊教育の在り方について（最終報告）」では、① 自閉症は中枢神経系の機能不全による発達障がいとされていることを指摘し、心因性の情緒障害児とは異なる教育的対応が必要である

こと、②ADHD、LD、高機能自閉症などの判断基準を明確にすること、③ADHD、LD、高機能自閉症などの指導を担当する教員の専門性を高めるとともに、指導方法等に関する研究の実施が必要であること、④ADHD、LD、高機能自閉症などについて教育関係者や国民へ理解啓発に努めることなどが提言された。

(2) 特別支援教育構築に向けての文部科学省の諸施策

　上述した「21世紀の特殊教育の在り方について（最終報告）」の提言を具体化するために、文部科学省は平成13（2001）年10月に「特別支援教育の在り方に関する調査研究協力者会議」を設置した。

　この協力者会議には「障害種別の枠を超えた盲・聾・養護学校に関する作業部会」と「小・中学校等における特別支援教育に関する作業部会」が置かれ、前者の部会の検討課題は、①盲・聾・養護学校の名称の見直し、②障害種別の枠を超えた教育課程、指導体制、組織運営、施設設備等について、③地域のセンター的機能の充実について、④養護学校における自閉症の指導の在り方などであり、後者の部会の検討課題は、①ADHD児、高機能自閉症児等の実態について、②ADHD、高機能自閉症等の定義、判断基準、実態把握の体制について、③ADHD、高機能自閉症等への指導方法、指導の場について、④特殊学級の名称の見直し、⑤学校全体としての支援体制の充実方策などであった。また、この会議と並行して、前述した「特別支援教育に関する調査研究会」による通常の学級の児童生徒を対象にした全国実態調査が実施された。

　平成15（2003）年3月には、この協力者会議から「今後の特別支援教育の在り方について（最終報告）」が公表され、その提言に沿って、同年4月には、文部科学省の「特別支援教育推進体制モデル事業」

が開始された。この事業は全国 47 都道府県にて実施（一定地域を総合
推進地域として指定）され、LD、ADHD、高機能自閉症の定義、判断
基準等の有効性が検証された。校内委員会、特別支援教育コーディ
ネーター、巡回相談の実践などを通して、LD、ADHD、高機能自
閉症等の児童生徒に対する総合的な教育推進体制の整備を目的とし
た。また、総合推進地域には専門家チームが置かれ、巡回相談では、
専門家が小・中学校教員に対して助言を行い、指導法の確立を目指
した。

　平成 16（2004）年 1 月には、文部科学省から「小・中学校におけ
る LD、ADHD、高機能自閉症の児童生徒への教育支援体制の整備
のためのガイドライン（試案）」が公表された。このガイドラインは、
全国の小・中学校のすべてに配布され、発達障がい児への支援に関
する校内研修会が全国的に開催されるようになった結果、教師の自
閉症他への理解が進み始めた。

　平成 17（2005）年 4 月の発達障害者支援法の施行にあわせて、前期
のモデル事業は、「特別支援教育体制推進事業」に移行し、モデル
事業の時代より予算額が増加され、新規事業として、乳幼児から就
労に至るまでの一貫した支援体制の整備（幼稚園および高等学校も含め
た支援体制の整備）が着手された。さらに平成 19（2007）年度には、新
たに「発達障害早期総合支援モデル事業」と「高等学校における発達
障害支援モデル事業」がスタートした。

　さらに平成 20（2008）年度からは、「発達障害等支援・特別支援教
育総合推進事業」が「特別支援教育体制推進事業」の後継事業として
開始され、予算額も増額されている。しかし、文部科学省全体の予
算に占める割合は小さく、校内委員会の設置や特別支援教育コー
ディネーターの指名自体は、全国的に進んだものの、実質的な支援

体制の構築、効果的な支援の実施には、まだかなりの距離があるというのが実態である。

　しかし、これらの文部科学省による一連の施策や事業を通して、一般の教師のあいだでは、それまでほとんど知られていなかった高機能自閉症やアスペルガー症候群という用語や、それらの障がいの特徴の一端は、多くの教師に周知されるようになった。

　一方、特別支援教育制度の法的な整備を目的として、平成 17 (2005) 年 12 月に中央教育審議会から、「特別支援教育を推進するための制度の在り方について(答申)」が出され、この答申に沿って、平成 18 (2006) 年 6 月に「学校教育法の一部を改正する法律」が公布された。この法律は、平成 19 (2007) 年 4 月から施行され、盲学校、聾学校、養護学校は、「特別支援学校」に、特殊学級は「特別支援学級」に、制度上の名称が変更された。

(3) 特別支援教育に関する学習指導要領の改正と自閉症教育

　学校教育の内容・方法は、学習指導要領に定められており、特別支援学校は、特別支援学校学習指導要領によって教育が行われている。これまで、自閉症のための指導の内容・方法については、特に定められていなかったが、障がい児の一般的な特性を考慮した指導内容として、養護学校の学習指導要領には「養護・訓練」が定められた。

　養護・訓練は児童生徒の心身の障がいの状態を改善・克服するために必要な知識、技能態度及び習慣を養い、もつて心身の調和的発達の基礎を培うことを目標として昭和 46 (1971) 年に創設された。平成元 (1989) 年の改定では、5 本の柱「①身体の健康、②心理的適応、③環境の認知、④運動・動作、⑤意思の伝達」になっている。

　そして、平成 11 (1999) 年の学習指導要領の改訂では、児童生徒が

自立を目指し、障がいに基づく種々の困難を主体的に改善・克服するために必要な知識、技能、態度及び習慣を養い、もって心身の調和的発達の基盤を培うことを目標として、「自立活動」へと名称が変更された。また 5 本の柱は 5 つの区分として「①健康の保持、②心理的な安定、③環境の把握、④身体の動き、⑤コミュニケーション」に改められた。その内容については、具体的にイメージしやすくなるよう 22 の項目で示された。

　さらに、平成 17（2005）年 12 月の中央教育審議会の答申を受け、平成 21（2009）年 3 月に学習指導要領の改訂が公示された。

　今回の学習指導要領の改訂では、これまでの 5 つの区分に、新たに「人間関係の形成」が加えられ 6 区分となり、自閉症の特性に沿った内容が含まれることになった。また、高機能自閉症等の児童生徒に対する特別の場での指導・支援を制度的に位置付けたものも今回の改訂の特徴である。なお、「人間関係の形成」の区分では、「ア . 他者とのかかわりの基盤に関すること」、「イ . 他者の意図や感情の理解に関すること」、「ウ . 自己の理解と行動の調整に関すること」、「エ . 集団への参加の基礎に関すること」の 4 つの項目が示されている。

　また、文部科学省では、特別支援学校や小・中学校等の特別支援教育に関する教育課程の編成や学習指導の方法等について実践研究を行うとともに、各学校における特別支援教育の改善・充実を図ることを目的として、平成 19（2007）年度から、5 年計画で「特別支援学校等における指導充実事業」をスタートさせているが、この事業の中で、自閉症についての正しい理解や障がい特性などに応じた教育的な支援について検討するため、平成 21（2009）年度より、自閉症の特性に応じた教育課程の編成、自閉症の児童生徒一人一人の特性

に対応した指導内容・方法等の工夫など教育課程の在り方について調査研究を実施することとなっている。

　文部科学省は、これまでにも、養護学校教員の専門性向上モデル事業などを通して、自閉症の教育研究を実施しており、平成16 (2004)年4月には、それまでは重度重複障がいの教育研究を実施していた国立久里浜養護学校を、自閉症の教育研究を実施する学校(筑波大学付属久里浜養護学校)に変えるなどの取り組みを行ってきた。特別支援教育の構築に向けての最近の一連の施策では、自閉症教育の充実に向けての制度改正やモデル事業がかなり増えてきている。

8．これからの自閉症教育の課題

(1) 通常の学級での自閉スペクトラム児への支援の問題点

　通常の学級の実態については、前述したように、平成14 (2002)年の「特別支援教育に関する調査研究会」による調査結果から、「学習面又は行動面に著しい困難を示す」児童生徒の存在が6.3％という数字が出ている。この数字は、支援を必要としている児童生徒たちであり、この中に知的障がいの伴わない自閉症の可能性があるものが0.8％いると推測されている。

　実際に、巡回相談に参加させてもらうと、担任の教師、支援員の悩みが多いことが分かる。学級担任の教師には、過去に自閉症児を担当した経験のある教師は限られており、多くは自閉症児を初めて担任したため、彼らの特徴的な行動に困惑している様子が読み取れる。じっとしていないなどの行動上に問題があると認められた児童生徒には、支援員が配置されている学級もある。支援員は平成19 (2007)年度から地方財政措置となり、日常生活の介助や学習上のサ

ポートを行うことを目的としている。呼び方は雇用関係などにより、区市町村によって異なっている。

　実際には、支援員も担任の教師、担当児童にどのように対応したらよいのかを模索している状況が見受けられる。

　通常の学級を対象として10年間隔で行われる実態調査が、平成14年（1回目）に始まり、平成24年（2回目）、令和4年（3回目）に行われてきた。その結果、「学習面又は行動面で著しい困難を示す」の推定値をみると、平成14年6.3％、平成24年6.5％、令和4年8.8％と増加している。特に、令和4年の3回目の結果の8.8％は、対象が全国の地域であることを考えると、どの学級にも2人から4人程度の学習や行動面で困難を示す児童生徒が在籍していることになる。とすれば、学級担任は、個々の児童の多様性を認め、柔軟に授業の展開を工夫することが求められよう。児童生徒に多様な児童がいることを認識し、一人ひとりの長所を伸ばすように配慮していくことが大切となろう。

　最近は、特別支援教育に目が向けられ、通常の学級に在籍する自閉症児他への支援に取り組むようになってきている。しかし、現実には、学校全体としての効果的な支援体制の確立を模索しているのが現状である。

　今後の共生社会をめざすことを考えると、さらに数値の増加が予測される。となると、対策として、教師や学習指導補助員の数を増やし、いつでも必要としている児童に付き添えるようにして欲しい。教師や補助員の方には、固定した児童生徒ばかりにつくのでなく、誰でも必要としている児童を見守って欲しい。また、通級による指導の利用も増やしていく必要があろう。

　教師や補助員を増やすことともに、指導の多様化にともなって、

指導の場所として教室なども増やす必要がある。ある特別支援学校を訪問したところ、廊下は暗く、教室が不足しているので、廊下を使っていたので驚いたことがある。最近、特別支援学校、特に高等部の人数が増え、教室が足らなくなっているのだろう。平成28年10月1日現在で、公立特別支援学校における教室の不足は、全国で3,430教室と報告されていたが、時間もたっているので、かなり解消されていると思われる。26年度には、廃校や余裕教室など活用した特別支援学校の新設、分校・分教室の整備に係る補助制度を創設している。

　何とか早く新増築ができるように、各都道府県教育委員会とも取り組んで、早期の教室不足解消が望まれる。

(2) 通級指導教室の増加と児童生徒への支援の充実

　通級指導教室への保護者の期待が高い。その要因の一つとして、平成18（2006）年4月1日に施行に移された通級の対象児として、「自閉症者、学習障害者、注意欠陥多動性障害者」の明文化があげられる。

　昭和44（1969）年の情緒障害学級の設置から、あるいは平成5（1993）年に制度化されてきて以来、「通級による指導」（一般的には通級指導教室での指導）は、それなりの成果を上げてきている。通級指導教室は、小集団指導と個別指導を組み合わせた指導を行っていることが多い。

　高学年になると、学習内容も難しくなることから、通級指導教室の担当者は個々の児童の学習の習熟度、学習のつまずき、仲間関係、保護者の願いなどを把握し、学級担任と連携し、情報の共有化を図り、個々の児童生徒の持つ困難さの解決にあたることが、現在以上に求められてくる。今後は、困難を持つ多様な児童生徒が増加する

ことを考えると、小集団の構成や個別指導に工夫がさらに必要となり、人的配置、環境の整備なども求められてこよう。

(3) 卒業後の自立に向けて

　最近は、障がい者の自立、特に就職することに目標が置かれがちである。平成 18（2006）年 3 月養護学校高等部の卒業者の進路をみると、進学者 77 人（0.7%）、教育訓練機関等入学者 327 人（3.1%）、就職者 2688 人（25.3%）、社会福祉施設医療機関入所者 6,227 人（58.7%）、その他 1,296 人（12.2%）となっている。

　令和 3（2021）年 3 月特別支援学校の卒業生の進路を見ると、進学者 67 人（0.4%）、教育訓練機関等 257 人（1.4%）、就職者（含臨時労働者）6,392 人（34%）、社会福祉施設等入所・通所者 11,538 人（60.8 %）、その他 738 人（3.9%）となっている。

　平成 18 年と令和 3 年を比較すると、平成 18 年が進学者・教育機関・その他がわずかばかり多く、令和 4 年は「就職者・社会福祉施設」が多くなっている。最近は就職した人と社会福祉施設の通所・入所者が増加していることが分かった。つまり、これからは、就職者が増加していくものと思われる。卒業後、その他の項目の人数が、令和になって少なくなっていることは、就職・あるいは社会福祉施設の通所を利用しているものと思われる。

　最近では、特別支援学校高等部では、「個別の移行支援計画」を作成し、社会適応のためのスキルを身につけ、卒業のことも視野に入れた指導が行われている。従来は、卒業は保護者や本人にまかされていたことを考えると、かなりの前進であるが、さらに自立のために教育の果たす役割が必要となろう。

　就職し自立することも大切であるが、その人らしく人生が豊かに

暮らせる方向を模索することも大切と考えられる。自閉症者が一人
ひとり違っていること、地域の環境も様々であることを考えると、
多様な生き方があってよいのではないだろうか。このためには、環
境的、経済的、人的に十分な理解と支援が重要となる。自閉症児・
者が社会との接点を持ち、豊かに暮らせるためには、社会資源の整
備、支援体制の整備など、受け入れのシステムが求められることか
ら、行政への働き掛けも必要である。

　今後、共生社会を築くためにも、一般社会の理解と支援が鍵とな
ろう。

　国際連合で定めた毎年4月2日の「世界自閉症啓発デー・シンポ
ジウム」が、この役割を推進していくことを期待したい。この日
は、東京タワーがブルーにライトアップされ、全国でも200以上も
のタワーが青に染まるようになっている。また、4月2日から8日
は、発達障害啓発週間として、厚生労働省と日本自閉症協会が中心
となり、「2009年4月2日会場、東京ウィメンズプラザ」、「2010年
4月2日、国連大学ウ・タント国際会議場」「2011年〜2019、全社協、
灘尾ホールで毎年実施」（2020以降、コロナ禍のため、動画配信による開催）
と啓発のためのシンポジウムを実施してきた。シンポジウム開催に
あたっては、「日本実行委員会」の協力を得ている。また、厚生労
働省・日本自閉症協会をはじめ、多くの関係機関の協力を得て、開
催されている。

　ブルーの空を見上げながら、世界中の障がい者が幸せであるよう
に、願ってやまない。

第5章　知っておきたい用語

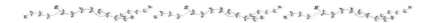

　ここでは、自閉スペクトラム児・者にとって、あるいは発達障がい児・者、関係者にとってよく出てくる用語を取り上げる。順序は、五十音順にしてある。

〇インクルーシブ教育（システム構築）

　最近、インクルーシブ教育システム（inclusive education system）という言葉をよく聞くようになった。「共生社会」の形成に向けて、みんなが参加できる社会にするために、特別支援教育においても、その方向で特別支援教育を発展させていく必要があるということである。これからもこの方向で進んでいくものと考えられる。

〇 SST（Social Skills Training）　ソーシャルスキルトレーニング

　社会的な技能を訓練するという意味で、一般的には、「社会生活技能訓練」とか「生活技能訓練」などいわれている。認知療法の一部と位置づけられ、社会面や生活面など、幅広く用いられている。

〇ギフテッド

　ギフテッド（gifted）の意味は、贈り物をする gift が語源となっ

ており、生まれつきの才能の持ち主のことで、ただできるだけでなく、突出してできることを指す。相対性理論のアインシュタイン、ビル・ゲイツ、日本では北野武が知られている。

○公認心理師（名称独占資格）

　2015年9月9日公認心理士法が成立し（2017年9月15日施行）、国内唯一の心理系国家資格である「公認心理師」が誕生した。民間資格として従前の資格（臨床心理士、学校心理士、臨床発達心理士、特別支援教育士、日本自閉症スペクトラム支援士など）も継続して展開されている。

○児童相談所

　児童相談所とは、児童福祉法に基づいて設置されている行政機関である。通称「ジソー」。18歳未満の子どもに対する相談や通告について、子ども本人、家族、関係者や地域の人々などからも受け付けている。最近は、虐待などについても扱っていて、児童相談所虐待対応ダイヤル「189（いちはやく）」がある。近年、児童相談所に寄せられた虐待相談件数は大きく増加してきている。平成22年度　56,384件、23年度　59,919件、24年度　66,701件、25年度　73,802件、26年度　88,931件、27年度　103,286件、28年度　122,575件、29年度　133,778件、30年度　159,838件、令和元年度　193,780件、2年度　205,044件、3年度　207,659件となっている。平成12（2000）年児童虐待防止法の成立をはじめ、その後児童福祉法や同法などに多くの改正が重ねられてきたのは、課題意識の高まりともいえるとともに相談件数の増加につながっているともいえる。

○自閉症児施設

（前史）

　自閉症児施設の必要性について、昭和42年12月8日の児童福祉審議会の意見具申の中で、自閉症児対策について触れられたことによって、昭和44年9月30日の厚生省発児135号厚生事務次官通知の「自閉症児の療育について」において、自閉症児療育事業実施要綱がさだめられた。自閉症児のための療育を行う病院も指定するものとなった。

　こののち、自閉症児施設は、精神薄弱児施設の一種として、昭和55年3月児童福祉施設最低基準に位置付けられることになった。

（現在）

　平成23年度まで各障害別に分かれていた障害児入所施設については、平成24年度から「障害児入所施設」として一元化し、重複障害等への対応の強化を図るとともに、自立に向けた計画的な支援を提供することとなった。

　その結果現在、従来の事業形態等を踏まえて、①福祉型障害児入所施設、②医療を併せて提供する医療型障害児入所施設の2類型で構成されつつ、「主として自閉症児を入所させる」施設として運営している。

○就労継続支援A型・就労継続支援B型

　A型の場合は、就労が困難な障がい者に対して、訓練や就労の機会を提供する事業所のことで、雇用契約を結んで利用するため、最低賃金が支払われる。

　B型の場合は、一般企業などのように、契約を結んで働くこと

が困難な障がい者に就労の機会を提供する事業所で、利用期限がないので、本人が希望すれば、長期に渡って利用できる。

○受給者証

　障害児通所支援事業者等のサービスを利用するために、市町村から交付される証明書であり、通所受給者証という。受給者証には、保護者と児童の住所、氏名、生年月日、サービスの種類、支給量（日数・時間数）が記載されている。受給者証があると、利用料の１割負担になる。９割については、自治体が負担となる。生活保護世帯、住民税非課税世帯は無料。

○障害者差別解消法

　障害者差別解消法は、すべての国民が、障がいの有無によってわけへだてられることなく、相互に人格と個性を尊重し合いながら共生する社会の実現に向け、障がいを理由とする差別の解消を推進することを目的として、平成25年6月に制定された。

○障害者総合支援法

　我が国の社会福祉の在り方として、従来は行政側に決定権のある措置制度が主だったが、2000年の「社会福祉基礎構造改革」において、サービス受ける利用者側の自らの意志で利用するサービスについて、選択できる利用制度に転換したことである。これはとても大きな改革だったことがわかる。2003年支援費制度を導入したが、予想以上の費用がかかり、2006年の改正では、「障害者自立支援法」となった。

　次にでた「障害者総合支援法」は、以前に使われていた「障害者

自立支援法」を、2013 年 4 月に改正した法律である。障害者総合支援法は、障がい児・障がい者、難病の人に必要な障がい福祉サービスを行っている。大きく分けると、「自立支援給付」と市区町村や都道府県が行う「地域生活支援事業」他がある。

　サービスの利用にあたって、地域の社会福祉関係の窓口で、相談されるとよい。

◯障害者の権利に関する条約（障害者権利条約）

　平成 18（2006）年 12 月、「障害者の権利に関する条約」（以下「障害者権利条約」という）が 61 回国連総会で採択され、平成 20（2008）年 5 月に発効した。我が国では、障害者権利条約に平成 19（2007）年 9 月 28 日に署名した。

　わが国の批准が遅れたのは、法整備に時間がかかったことによる。例えば、「障害者基本法」の改正（平成 23（2011）年 8 月）、「障害者の日常生活、及び社会生活を総合的に支援する法律」の成立（平成 24（2012）年 6 月）、そして「障害を理由とする差別の解消の推進に関する法律」の改正など法整備が行われた。これら国会の議論ののち、衆・参本会議を経て、全会一致で承認され批准され、平成 26（2014）年 1 月 20 日、障害者権利条約の批准書を国連に寄託、同年 2 月 19 日に我が国について発効した。

◯情緒障害（Emotional disturbance）

　厚生省（当時）内では、昭和 36 年児童福祉法の一部改正によって、「情緒障害児短期治療施設」という言葉がでてくる。この施設は、「軽度の情緒障害を有する児童を、短期間、入所させ、又は保護者の下通わせて、その情緒障害を治し、あわせて退所した者につ

いて相談その他の援助を行うことを目的とする」と述べられている。ここから情緒障害という用語が使われるようになった。

　昭和42年には、この施設の対象児の規定が示されているが、そこでの対象は、登校拒否（当時使用）やかん黙等の非社会的問題を有する児童、反抗や退学等の反社会的問題行動を有する児童、どもりやチック等の神経的習癖を有する児童たちで、自閉症や自閉的傾向のある児童は別の施設での治療が求められていた。

　一方、文部省（当時）では、昭和40年10月に出された「心身障害児の判別と就学指導」の手引書における「第2章　心身障害児の判別の方法と実際―第8節　情緒障害者―」の中に出てくる。ここでの「情緒障害者」の定義では、「情緒障害はいわば感情的、情緒的なもつれ、あつれきに起因する行動上の異常と考えてよいであろう。したがって情緒障害というのは、第一に、いわゆる一次的行動異常といわれるものを含むと考えてよい」とされている。その後、昭和42年の「児童生徒の心身障害に関する調査」では、既設の特殊学級の障害に、新たに情緒障害の項目が加わった。情緒障害の分類別基準は、知的障害や明確な身体障害がないという前提で、登校拒否や神経症、精神病、かん黙、さらに症状面を中心にした記述から想定される自閉症や脳の器質的障害が挙げられていた。このように、厚生省と文部省の行政分野の違いによって、情緒障害という用語の概念規定が異なっているという現状があったが、情緒障害特殊学級の誕生は、学校教育における自閉症教育のスタートといえる。昭和41年には、『自閉症といわれた子の担任の会』が設立され、研究者と東京都の教員が中心になって、通常の学級での自閉症教育の在り方を模索していった。そして、昭和44年に、杉並区立堀之内小学校に「情緒障害特殊学級」

ができている。そして、そこには「自閉的傾向児、自閉児など」
が入級していった。その後、昭和 54 年の養護学校の義務化により、
自閉症児の多くは、養護学校を利用するようになっていった。

○情緒障害児短期治療施設→児童心理治療施設（平成 29（2017）年 4 月より）

　この施設は、「軽度の情緒障害を有するおおむね 12 歳未満の
児童を、短期間、入所させ、又は保護者の下から通わせて、その
情緒障害を直すことを目的とする施設とする」（改正前児童福祉法第
43 条の 5）。

　2017 年 4 月より、「児童心理治療施設」となり、「家庭や学校
における人間関係などが原因で感情や情緒に不調をきたし、緘黙、
不登校、反抗、乱暴、窃盗、授業の妨害などの問題行動やチック
や爪かみ、夜尿、拒食などの神経性習癖などを有する児童を対象
に各種心理療法や生活指導、教育をおこない、社会適応性を高
めます」となっている。最近では被虐待児童が増加の傾向にあり、
対応が課題となっている。

○ SPELL

　英国自閉症協会（National Autistic Society）が提唱しているもので、
ASD 支援のための基本理念のこと。

　Structure（構造）、Positive（肯定的）、Empathy（共感）、Low
arousal（穏やか）、Links（つながり）の頭文字をつづったもの。

○精神障害者保健福祉手帳

　何らかの精神障がいにより、長期にわたり日常生活または社

会生活への制約がある方を対象としている。(統合失調症、てんかん、薬物依存症、高次脳機能障がい、発達障がい、ただし、知的障がいがあり、精神障がいのない方は手帳の対象とはならない)。

　この手帳を持っていると、公共料金等の割引、税金の控除、減免などがある。発達障がいと知的障がいの場合は、両方の手帳を受けられる。都道府県、政令指定都市の精神保健福祉センターにおいて審査が行われ、認められると手帳が交付される。

○成年後見制(任意成年後見制)

　精神障がいや知的障がいなどのある方で、自分自身で判断できない場合、財産管理・代理権等を付与された成年後見人が行う仕組みとして、平成12(2000)年4月1日より始まったものである。

　成年後見人には、「法定後見」と、本人が任意に選ぶ「任意後見」があり、法定後見人は家庭裁判所が選任する「法廷後見」であり、「任意後見」は本人や健在なうちに父母などが任意後見受任者契約を結んで、判断できない状況になったときのために備えるものとされている。法定後見には、「成年後見」「保佐」「補助」があり、本人の判断能力に応じて、「判断能力を欠くのが通常の状態のときには、成年後見人」、「本人の判断能力が著しく不十分なときには保佐人」、「不十分なときには補助人」となっている。

　この制度は、主に認知症の人を対象にしているので、使いづらいところがあろう。

○全国自閉症者支援協会(全自者協)

　全国の施設の協議会。年1回の総会と研究大会のほかに、関係機関との情報交換や要望活動、会報の発行、調査研究活動、海外

情報の提供等を行っている。最近の研修では、「発達障害支援スーパーバイザー養成研修」を実施している。

○ WHO（世界保健機関）

　WHO（World Health Organization）世界保健機関は、「全ての人々が可能な最高の健康水準に到達すること」を目的として設立された国連の専門機関である。世界保健機関では、最近では、ICD（国際疾病分類）10、ICD-11 を発表している。ICD-10 は、現在、行政等で用いられており、医学書院から、『ICD-10 精神及び行動の障害、臨床記述と診断ガイドライン』として出版されている。

　ICD-11 は、英語版は出版されているが、日本語版（医学書院）は、2024 年予定とのことである。

　ICD は、主に行政や研究で用いられており、一方の DSM は、アメリカ精神医学会で作成されたもので、現在は第 5 版（DSM-5）が行政や研究などで用いられている。

○知的障害者更生施設

　知的障害者更生施設とは、児童相談所と違って、18 歳以上の人で、知的障害者福祉法第 21 条 6 に規定されている。知的障がい者を入所または通所させ、社会生活適応・生活習慣確立のための生活支援、職能訓練など、障害者が自立して地域で社会生活を行えるよう支援または訓練することを目的とした施設である。

　障害者自立支援法施行に伴い、施設は新しい障害福祉サービス体系に移行した。

○ TEACCH プログラム

Treatment and Education of Autistic and related Communi-cation-handicapped Childrenの訳で、頭文字をとって、TEACCHといわれている。そのまま訳すと、「自閉症とコミュニケーションの障がいのある子供たちの治療と教育」ということになる。

　自閉症や家族の生活を生涯に渡って支援していく program である。1960 年代にショプラー博士の研究から始まり、それが1972 年からノースカロライナ州の公的な事業として地域の公的な事業として実施されるようになった。我が国には、佐々木正美先生によって紹介され、各地で取り入れられるようになった。

○ DSM-5（アメリカ精神医学会）

　これは「精神疾患の診断基準・統計マニュアル」(Diagnostic and Statistical Manual of Mental Disorders) といい、略して『DSM』といわれている。DSM の第 1 版は 1952 年、DSM- II は 1968 年、DSM- III は 1980 年、DSM- IVは 2000 年に改正されている。現在は DSM-5「精神疾患の診断・統計マニュアル第 5 版」が用いられている。DSM-5 では、精神疾患が 22 に分類され、その一つに「神経発達症群 / 神経発達障害群」があり、その中に、「知的能力障害群、コミュニケーション症群 / コミュニケーション障害群、自閉スペクトラム症 / 自閉スペクトラム障害、注意欠如・多動症 / 注意欠如・多動性障害、限局性学習症 / 限局性学習障害、運動症群 / 運動障害群、その他の神経発達症群 / 神経発達障害群」がある。

○特例子会社

　特例子会社とは、障がいのある人の雇用の促進と安定を図るた

めに設立された会社。一般的な企業と比べると、障がいや特性に
対するサポート環境が整っているところが多く、比較的障がいの
程度に関係なく働くことが可能。認定を受けた特例子会社は、親
会社の障がい者雇用の法定雇用率に算定することができる。

○トライアングルプロジェクト

　トライアングルプロジェクトとは、発達障がいや障がいのある
子どもたちの支援に当たって、行政分野を越えて、家庭、教育、
福祉の切れ目のない連携が必要不可欠といわれてきた。つまり、
教育と福祉の相互理解の促進や、保護者も含めた情報共有が必要
であることを視野に入れて、文部科学省と厚生労働省によって発
足されたプロジェクトが、「トライアングルプロジェクト」である。
家庭と文部科学省・厚生労働省とが連携を推進するため、すでに
有識者会議や連携他が報告されている。

○日本自閉症協会

　最初の立ち上げは、昭和42年、自閉症児を持つ家族や支援者
の会として、立ち上がった。そのころ、自閉症に関連した研究会
などが立ち上げを行っていた。

　自閉症児・者親の会は、東京大学総長の茅誠司氏や須田初枝氏
など保護者の方々で「自閉症児者親の会全国協議会」を立ち上げ
ていた。平成元年に「社団法人日本自閉症協会」となり、平成20
年に「一般社団法人日本自閉症協会」となった。

　調査、研究、相談事業、保険事業、『いとしご・かがやき』の発行、
全国大会等を行っている。

○日本自閉症スペクトラム学会

　自閉症・発達障がい者の教育・医療・福祉面の向上発展のために研究・実践を促進する会である。また、当学会では、科学性と倫理性を追求しつつ、自閉症スペクトラム障がいの方々との共存を目指す社会の福利向上のための活動を行っている。

　研究大会、資格認定講座（現在、オンライン、オンデマンド）、会報、『自閉症スペクトラム研究』他。

○日本終末期ケア協会

　日本社団法人　日本終末期ケア協会　2019

　興味のある方のために、所在地を掲載しておく。

　〒 651-1221　神戸市北区緑町 1 丁目 6-1 山の街ビル 2 階

○日本発達障害ネットワーク（JDDnet）

　発達障がい関係の全国および地方の障がい者団体や親の会、学会、研究会、職能団体などを含めた幅広いネットワークのことである。

　発達障がい支援人材育成研修会や各種のセミナー等、全国的に幅広く展開している。

○ 80-50 問題

　80 代の親が 50 代の引きこもりの中高年の対応について、どう対応するのか重要な課題になる。これは、90-60 問題にもなるかもしれない。また、自閉スペクトラム者や発達障がい者にも、起こるかもしれない。やはり、親は何とか面倒をみられるのは、60 代の頃までで、それ以上になると、親も病気になりやすくな

ると思う。この問題は、自閉スペクトラム者や発達障がい者にもあてはまることがあるかもしれない。そうならないために、元気なうちから、できれば親も子どもも一緒に考えておく必要があろう。子どもと話し合うことができない時には、親が後見人等を考えておく必要があろう。

○発達障害者支援法

発達障がいとは、発達障害者支援法において「自閉症、アスペルガー症候群その他の広汎性発達障害、学習障害、注意欠陥多動性障害その他これに類する脳機能の障害であってその症状が通常低年齢において発現するものとして政令で定めるもの」と定義されている。

○病識

病識の定義もいろいろであるが、一般には、病識があるということは、自分が病気にかかっているということがわかることを指している。障がい児・者には、病気のことが分からず、イライラしたり、ぐずったりして、その様子から病気が推測されることがある。

○ムーブメント教育・療法

ムーブメント教育・療法とは、視知覚発達検査を開発した米国のフロスティッグ博士によって体系化された子どもの全面発達を支援する教育法の一つである。ピアジェの発達理論を背景に、子どもが自ら動きたくなる環境（多様な遊具や人的な環境など）を上手く設定し、子どもの自主性や自発性を尊重しながら、軽運動をとおして運動能力のみでなく心理的諸機能（認知能力、問題解決力など）

や情緒・社会性（対人関係など）を育てていく「動きをとおした学びの支援法」といえる。日本では特別支援学校や特別支援学級などの学校現場を中心に発展してきた。

○療育手帳

　療育手帳は各地によって、呼び名が異なるので注意。愛の手帳→東京都・横浜市、愛護手帳→青森県、名古屋市、みどりの手帳→さいたま市、あとは、療育手帳と呼ばれ、対象者は児童相談所または知的障害者更生相談所から知的障がいと判定されたひとに交付される。

○レスパイトケア（respite care）

　介護をしている人に対して、介護疲れがひどい時には、介護者（母親など）を一時的に開放し、心身共に休息をとってもらうことを指す。動きの激しい自閉スペクトラム児の場合も、母親には休息をとってもらうことや、病気、冠婚葬祭などでも同様に利用できる。

これまでの研究で参考にした文献一覧(一部)

American Psychiatric Association (1980)　Quick Reference to the Diagnostic Criteria from DSM-III, (高橋三郎ほか訳 (1982)『DSM-III 精神障害の分類と診断の手引き』. 医学書院

American Psychiatric Association (1987)　Quick Reference to the Diagnostic Criteria from DSM-III-R, (高橋三郎ほか訳 (1988)『DSM-III-R 精神障害の分類と診断の手引』. 医学書院

Asperger, H. (1944)　Die autistischen psychopathen im kindesalter. Arch. Psychiat. Nervenkr., 117 ; 76

Bettelheim, B. (1967) The Empty Fortress, Infantile Autism and the Birth of the Self. The Free Press, New York, (黒丸正四郎・岡田幸夫・花田雅憲・島田照三訳：(1973,1975)『自閉症・うつろな砦』1,2. みすず書房

Creak, M. (1964)　Schizophrenic syndrome in childhood-further progress report of a working party. Developmental Medicine and Child Neurology, 6 ; 530-535

Frostig, M. & Maslow. P. (1973)　Learning Problems in the Classroom. Grune &Stratton Inc. (茂木茂八・安宮利光訳 (1977)　個々に応じた指導 . 日本文化科学社)

Frostig, M. (1961)　Developmental Test of Visual Perception. Consulting Psychologists Press. (飯鉢和子・鈴木陽子・茂木茂八 (1977)　視知党発達検査. 日本文化科学社)

Frostig, M. (1977)　Movement Education. Follet Publishing Company,. (肥田野直・茂木茂八・小林芳文訳 (1978) ムーブメント教育. 日本文化科学社)

Hermelin, B. & O'onnor, N. (1970)　Psychological Experiments with Autistic Children. Pergamon Press. (平井久・佐藤加津子訳 (1977)　自閉児の知覚. 岩崎学術出版社)

Kanner, L. (1943)　Autistic disturbances of affective Contact. Nervous Child, 2, 3 ; 217-250 (牧田清志訳 (1986)　Autistic disturbances of affective contact.『精神医学』, 18, 7 ; 61-81, 18, 8 ; 81-90

Kanner, L. (1954)　Early infantile autism. Journal of Pediatrics, 25 ; 211-217

Kanner, L. (1957)　Child Psychiatry. Charles Thomas Publisher, (黒丸正四郎・牧田清志訳：(1964)『児童精神医学』. 医学書院

Kanner, L (1972)　Child Psychiatry.Charles C Thomas Pablisher (黒丸正四郎・牧田清志訳 (1980)『カナー児童精神学』. 医学書院)

Leslie, A. M. and Frith, U. (1990) Prospects for a cognitive neuropsychology of autism - Robson's choice. Psychological Review, 97,1; 122-131

Lotter, V. (1974) Social adjustment and placement of autistic children in Middlesex- A follow-up study. Journal of Autism and Childhood Schizophrenia, 4,1; 11-32

Maria J. Paluszny (1979) Autism: A practical guide for parents and professional. Syracuse University Press. (中根晃監訳、佐賀啓男・寺山千代子訳 (1981)『自閉症児の医学と教育』岩崎学術出版社)

McWhorter, L. and Stenstad, G. (2009) Heidegger and the Earth: Essays in Environmental Philosophy, University of Toronto Press. (長谷敏夫監訳　佐賀啓男・比奈地康晴共訳 (2020)『ハイデガーと地球：環境哲学論』. 東信堂)

O'Conner. N. and Hermelin. B. (1967) Auditory and visual memory in autistic and normal children. Jomnal Mental Deficiency Research, 11 ; 126-131

Ornitz, E. & Ritvo. E.R. (1976) The syndorome of autism: A critical review. The American Journal of Psychiatry, 13 (6) : 609-621

Prior. M.R. (1977) Psycholinguistic disabilities of autistic and retarded children. Journal of Mental Deficiency Research, 21 ; 37-45

Rimland, B. (1964) Infantile Autism. Appleton, New York-Appleton-Century-Crofts, (熊代永・星野仁彦・安藤ひろ子訳 (1980)『小児自閉症』. 海鳴社)

Rutter, M. (1978) Diagnosis and definition of childhood autism. Journal of Autism and Childhood Schizophrenia, 8 ; 139-161

Rutter, M. and Lockyer, L (1967) A five-to fifteen-year follow-up study of　infantile psychosis. I - Description of sample. British Journal of Psychiatry, 113; 1169-1182

Schachter. F. F., Meyer. L.R.. and Loomis. E.A. (1962) Childhood schizophrenia and mental retardation; Differential diagnosis before and after one year of psychotherapy. American Journal of Orthopsychiatry, 32 (4) ; 584-594

Schopler, E., Lansing, M. and Waters, L. (1983) Individualized Assessment and Treatment for Autistic and Developmentally Disabled children. University Park Press, (佐々木正美・青山均監訳 (1988)『自閉症の発達単元 267』. 岩崎学術出版社)

Wing, L. (1976) Early Child Autism (2 nd ed.). Pergamon Press, (久保紘章・井上哲夫監訳 (1977)『早期小児自閉症』. 星和書店)

World Health Organization (1974) Glossary of Mental Disorders and Guide to Their Classification

天野清（1970）語の音韻構造の分析行為の形成とかな文字の読みの学習．教育心理学研究，18（2）；76-89

天野清（1977）中度精神発達遅滞児における音節構造の分析行為の形成とかな文字の読みの教授＝学習．教育心理学研究，25（2）；73-84

石川知子（1970）自閉症児の言語構造．精神神経学雑誌．12; 1159-1174

市川宏伸（2019）『知的・発達障害における福祉と医療の連携』．金剛出版

市川宏伸（2006）『AD/HD のすべてがわかる本』．講談社

上野一彦・渡辺洋（1973）改訂版 ITPA によって測定された心理言語機能の発達に関する因子分析的研究．東京大学教育学部紀要 13; 31-45

上村菊朗・森永良子・隠岐忠彦・服部照子（1988）『学習障害』．医歯薬出版

内山喜久雄（1974）『児童臨床心理学事典』．岩崎学術出版

大阪自閉症児親の会（1966-1967）機関紙『心の窓』1-5 号

大阪市立児童院（1982）『紀要Ⅲ　創立 20 周年記念』

川崎葉子（2007）自閉症スペクトラムと脳波．脳磁図研究，日本自閉症スペクトラム研究 6, 1-10

川崎葉子、他（2015）自閉症スペクトラムと常同行動（こだわり行動）について．臨床精神医学 44（1）：61-71

黒丸正四郎（1977）「小児自閉症をめぐる諸問題」．『脳と発達』，22-29

県立小児心療センターあすなろ学園（1989）『あすなろ学園事業概要』

厚生省心身障害研究班（1978）『発達経過による自閉症臨床像の素描―「自閉症」診断のための手引き（試案）―』

国立国語研究所（1977）『幼児の文法能力』．東京書籍

国立特殊教育総合研究所（1987-1990）『世界の特殊教育』(I) - (IV)

国立特殊教育総合研究所（国立特別支援教育総合研究所）『研究所紀要』．1 巻 -5 巻, 国立特別支援教育総合研究所

児玉安司（2023）医療と介護の法律入門．岩波新書

小林重雄（1977）『グッドイナフ人物画知能検査ハンドブック』．三京房

小林隆児・村田豊久（1990）「201 例の自閉症児追跡調査からみた青年期・成人期 自閉症の問題」．『発達の心理学と医学』，1,4；523-537

佐々木正美（1986）『児童精神医学の臨床』．ぶどう社

自閉症研究専門委員会（1975）『自閉症児者に関する療育方針と療育体系について』

自閉症児・者親の会全国協議会（1967-2023）いとしご

心身障害児教育財団（1981）『特殊教育 30 年の歩み』．教育出版

神保真也・太田昌孝 (1974)「自閉症」.『臨床脳波』,16, 9 ; 529-539

菅井勝雄 (1988)『CAI への招待』. 同文書院

杉並区立堀之内小学校堀之内学級 (1969)『学級要覧』

杉村健・久保光雄 (1975) 文字の読み学習に及ぼす弁別訓練の促進効果. 教育心理学研究, 23 (4) ; 213-219

鈴木昌樹・水野美彦・加我牧子・近江一彦・鈴木隔子 (1978) 微細脳障害・学習障害における Frostig 視知覚発達検査. 脳と発達. 10 (4) ; 273-283

鷲見たえ子 (現中沢) (1952) レオ・カナーのいわゆる早期幼年性自閉症の症例. 第 49 回日本精神神経学会総会抄録

全国情緒障害教育研究会 (1968)『創立総会記録』

全国心身障害福祉財団 (1973-1990)『心を開く―自閉症治療と教育の方向を探る』, No.1-18

全国情緒障害教育研究会 (1968 ～ 1989) ひこばえ 創刊号～第 21 回

全国情緒障害教育研究会 (1969) 全国情緒障害教育研究協議会大阪大会要項 大阪市立明治小学校

全国情緒障害教育研究会 (1970) 全国情緒障害教育研究協議会静岡大会要項. 静岡県立吉原林間学園

全国情緒障害教育研究会 (1988) 全国の情緒障害推進充実についての要望書

全国心身障害福祉財団 (1973-1990)『心を開く―自閉症治療と教育の方向を探る』, No.1-18

高木隆郎編 (2009)『自閉症―幼児期精神病から発達障害へ』. 星和書店

髙原朗子編著 (2007)『発達障害児の生涯支援』. 九州大学出版会

津守真・稲毛教子 (1961) 乳幼児精神発達診断法. 0 才～ 3 才, 3 才～ 7 才まで. 大日本図書

寺山千代子 (1977) 国語の指導 精神薄弱児研究. 225 ; 80-87

寺山千代子・佐賀啓男 (1978)「自閉的傾向児の養護・訓練における行動特徴について」.『日本教育心理学会第 20 回総会発表論文集』; 884-885

寺山千代子・佐賀啓男 (1978) 自閉的傾向児の言語能力に関する考察. 国立特殊教育総合研究所研究紀要, 5 ; 81-88

寺山千代子 (1979) 自閉的傾向児の発達プロファイルとひらがな文字読みにみられる言語能力との関連性について. 国立特殊教育総合研究所研究紀要, 6; 61-69

寺山千代子 (1990)「情緒障害学級の成立過程の比較研究 II―学級の成立から今日的課題まで―」.『国立特殊教育総合研究所研究紀要』第 16 巻

寺山千代子・寺山洋一（2016）『自閉スペクトラム症の展開』．金剛出版

東京都教育委員会・東京都杉並区教育委員会・東京都杉並区特殊教育推進協
　　議会（1960）『特殊教育の推進〈東京都指定特殊教育推進地区報告会〉昭和
　　45 年度』

東京都教育委員会・東京都杉並区教育委員会・東京都杉並区特殊教育推進協
　　議会（1969）『「特殊教育の推進」報告書―昭和 45 年度―』

東京都教育庁学務部義務教育心身障害教育課（1988）　東京都内情緒障害学級.
　　44 年度 ~47 年度の状況

東京都教育庁指導部（1978 ~ 1989）　心身障害教育開発指導資料集．昭和 48 年
　　度〜昭和 63 年度

東京都公立学校情緒障害教育研究会（1967-1990）会報『みちびき』第 1-45 号

東京都立教育研究所（1972）『自閉症児の教育に関する研究』

東京都情緒障害学級設置校長会・東京都公立学校情緒障害教育研究会（1978
　　~ 1988）東京都の情緒障害教育推進充実についての要望

十亀史郎他（1972）〈シンポジウム I〉のための討論資料；自閉症児の発達にと
　　もなう諸問題．児童精神医学とその近接領域，13（4）；213-421

中川祐俊（1990）『生ありて』．コレール社

中根晃（1978）『自閉症研究』．金剛出版

中根晃（1983）『自閉症の臨床』．岩崎学術出版社

中根晃監訳．佐賀啓男・寺山千代子共訳（1972）　自閉症児の医学と教育．岩
　　崎学術出版社

日本自閉症スペクトラム学会（2021）『新たな未来へ』．東信堂

日本自閉症スペクトラム学会（2002-2023）『自閉症スペクトラム研究』、第 1
　　巻〜第 20 巻

日本自閉症スペクトラム学会編（2005）『自閉症スペクトラム児・者の理解と
　　支援』．教育出版

日本自閉症スペクトラム学会編（2012）『日本自閉症スペクトラム辞典』．教育
　　出版

日本特殊教育学会（1963-1989）『日本特殊教育学会発表論文集』第 1-27 回

日本特殊教育学会（1964）　特殊教育学研究　第 1 巻特別号

日本描画テスト・描画療法学会編（2002）『臨床描画研究』．北大路書房

野村東助（1985）　東京都における情緒障害学級の発展．国立特殊教育総合研
　　究所情緒障害教育研究部．情緒障害学級の発足と展開 1-12

平井信義（1968）『小児自閉症』．日本医事出版

164

平井信義・石井哲夫編著 (1970)『自閉症児の治療教育』．日本小児医事出版

平谷美智夫・杉浦直己、他 (2019) ディスレクシアの疫学研究：幼児期から成人までの縦断的研究．明治安田こころの健康財団研究助成論文集 54：115-122.

北海道教育大学旭川分校 (1982-1989)『情緒障害教育研究紀要』第 1 号—8 号

本田秀夫 (2013)『子どもから大人への発達精神医学』．金剛出版

牧田清志 (1969)「自閉児 1959-1969—わが国における幼児自閉症をめぐる 10 年間 の研究の動向」．『児童精神医学とその近接領域』，10,5；294-321

三木安正・上野一彦・越智啓子・中川信子 (1975) ITPA の理論とその活用．日本文化科学社

村石昭三・天野清 (1972) 幼児の読み書き能力．国立国語研究所報告 45, 東京書籍

村田保太郎 (1983) 情緒障害教育成立の過程．情緒障害児の教育 (上).日本文化科学社

目黒区立五本木小学校ゆりのき学級 (1989)『学級要覧』

文部省 (1953)『精神薄弱実態調査』

文部省 (1953)『特殊児童判別基準とその解説』

文部省 (1965)『心身障害児の判別と就学指導』

文部省 (1967) 児童生徒の心身障害の状況—児童生徒の心身障害に関する調査報告書，昭和 42 年度

文部省 (1972)『学制百年史』ぎょうせい

文部省 (1973)『情緒障害教育事例集』

文部省・特殊教育総合研究所 (1974)『心身障害児の発達状態に関する調査報告書』昭和 49 年度

文部省 (1975-1988)『特殊教育資料』

文部省 (1977)『小学校学習指導要領』．明治図書

文部省 (1977)『中学校学習指導要領』．大蔵省印刷局

文部省 (1978)『特殊教育百年史』．東洋館出版社

文部省 (1979)『盲学校，聾学校および養護学校小学部．中学部．高等部学習指導要領』．大蔵省印刷局

文部省 (1980)「情緒障害児指導事例集—自閉児を中心にして—」．慶応通信

文部省初等中等教育局特殊教育課 (1980) 特殊教育諸学校 (精神薄弱教育) 小学部・中学部学習指導要領解説

文部省特殊教育課 (1989)『昭和 63 年度実施特殊学級教育課程実施状況等調査

　　結果概要』
文部省（1989）『心身障害児と地域社会の人々との交流』
文部省（1989）『盲学校，聾学校及び養護学校小学部・中学部学習指導要領』
文部省（1990）『通級学級に関する調査研究について』
文部省（1990）『特殊学級教育課程実施状況調査調査結果概要』（昭和 63 年 10
　　月 1 日現在）

あとがき

　本書は、私の最期の書籍になると思います。

　いままで私の人生の中で、私が学んだことや経験してきたこと、それらを少しでもこれからの人たちに役立てて欲しいとの思いでできています。

　特に、東京都武蔵野市にある学校法人武蔵野東学園は、筆者の公務員生活最後の職場となった国立特殊教育総合研究所分室（分室は現在はなし）の隣にあり、研究をはじめ多くの行事、教育相談などに参加させていただいたところです。分室と学園の協力体制が出来上がっていくなかで、理事長寺田欣司先生はじめ多くの先生方や保護者の方との出会いもありました。このため、本書作成にも多くの方々のご協力をいただきました。今回、特に武蔵野東学園武蔵野東高等専修学校の校長渡辺正司先生はじめ、諸先生方に就労のことでお世話になりました。

　また、筆者がかかわらせていただいた社会福祉施設の紹介にあたり、理事長・施設長の方々から、社会福祉施設の成り立ちなどについての原稿をいただくことができました。五十嵐康郎（萌葱の郷）・石橋須見江（パステル）・市川宏伸（正夢の会）・大場公孝（友愛会）・木村昭一（はるにれの里）・楠峰光（昭和学園）・近藤裕彦（あさけ学園）・中川隆子（慈光学園）・松上利男（北摂杉の子会）先生方に感謝申し上げます（アイウエオ順敬称略）。

　さらに、小学校時代担任したＮ子（直美）さんの就職先の日本理化学工業（以下、理化学工業）の大山隆久社長、広報担当の雫 緑さんは

じめ、担当の方々から原稿をいただくことができました。本当にありがとうございます。

　続いて、長くお付き合いをいただいた松田隆利・裕見子さんご夫妻、関谷晴夫・昌子さんご夫妻、原要子さん、山田登美子さんから、原稿をいただくことができました。職場紹介では、武蔵野東高等専修学校の卒業生で東京タワーの接客係担当で、来場者を誘導をしているMさん、そこでピアノ演奏をしているTさん他の一生懸命働いている姿に驚き、紹介をさせていただき、これからの人たちの参考になればと紹介させていただくこともできました。

　最後になりましたが、「日本自閉症スペクトラム学会」の初代会長故中根晃先生、二代目会長市川宏伸先生、三代目会長本田秀夫先生にも、ご指導いただいたことは感謝に堪えません。学会発足当時、5人の発起人の一人だった筆者を支えてくださった学会員の皆様にも感謝するとともに、学会の資格のひとつ「ASサポーター」を支えてくださった星槎大学の故宮澤保夫先生、松本幸広先生、井上一先生はじめ多くの方々のお力をいただいたことにも感謝の念を禁じ得ません。また学会の発展のために、ご尽力いただいた弁護士児玉安司先生・渡辺直大先生、行政書士鹿野忠孝先生、富山県教育委員会時代お世話になった川腰巍先生、資料のことでお世話になった東京都立特別支援学校校長会会長丹野哲也先生に御礼申し上げます。最後になりますが、白百合女子大学臨床センターでは、森永良子先生、五十嵐一枝先生に研究のことで、お世話になりました。

　思い起こすと、お世話になったたくさんの方々の顔が浮かびます。拙著を飾っていただいた皆様、ありがとうございました。すべての障がい児・者がその人なりの豊かな人生を送れますように、社会の

一層の理解と発展を願っております。

　終わりになりましたが、東信堂の下田勝司社長ご夫妻に大変お世話になりましたこと、また校正を担当の領家歩希さん、大角奈央さんに感謝いたしております。

春遅い日に　　　寺山千代子

日本自閉症スペクトラム学会顧問

著　者

寺山　千代子（てらやま　ちよこ）

東京都生まれ

富山大学教育学部、東京学芸大学臨時養成課程、星槎大学大学院修士

公立小学校教諭、国立久里浜養護学校教諭、国立特殊教育総合研究所情緒障害研究部研究員、主任研究官、室長、分室長、植草短期大学教授、目白大学客員教授、星槎大学客員教授、植草短期大学名誉教授、日本発達障害ネットワーク（JDDnet）代議員、学校法人武蔵野東学園アドバイザリーボードメンバー、白百合女子大学臨床センター顧問、日本自閉症スペクトラム学会事務局長を経て現在、顧問

著書

『自閉児の発達と指導』(教育出版、1980)

『自閉症児の医学と教育』(共訳)(岩崎学術出版社、1981)

『自閉的傾向をもつ幼児の保育』(共編著)(ひかりのくに、1982)

『障害をもつ幼児の保育』(日本文化科学社、1982)

『就学までの障害幼児の指導』(日本文化科学社、1984)

『遅れを持つ子どもの国語指導』(日本文化科学社、1985)

『国語指導 12 か月』(共編著)(学習研究社、1987)

『自閉症と情緒障害教育』(コレール社、1991)

『風の散歩』(監修)(コレール社、1999)

『遅れのある幼児の子育て』(共編著)(教育出版、2003)

『子どもの福祉』(共編著)(建帛社、2004)

『自閉スペクトラム症の展開』(共著)(金剛出版、2016)

その他

詩集　『猿の島から』(神奈川新聞社、1987)

詩集　『揺れる少年』(思潮社、1993)

随筆　『蕪村と花いばらの路を訪ねて』(東信堂、2019)

自閉スペクトラム児・者への支援六〇年
──障がい者の特性を活かした人生に寄りそって──

2023年11月30日　　初　版第1刷発行　　　　　　　　　〔検印省略〕
定価はカバーに表示してあります。

著者Ⓒ寺山千代子／発行者 下田勝司　　　　　印刷・製本／中央精版印刷

東京都文京区向丘 1-20-6　　郵便振替 00110-6-37828
〒 113-0023　TEL (03)3818-5521　FAX (03)3818-5514
Published by TOSHINDO PUBLISHING CO., LTD.
1-20-6, Mukougaoka, Bunkyo-ku, Tokyo, 113-0023, Japan
E-mail : tk203444@fsinet.or.jp　http://www.toshindo-pub.com

発　行　所
株式
会社 東信堂

ISBN978-4-7989-1867-9　C3036　Ⓒ TERAYAMA Chiyoko

東信堂

自閉スペクトラム児・者への支援六〇年
―障がい者の特性を活かした人生に寄りそって　寺山千代子　一八〇〇円

蕪村と花いばらの路を訪ねて　寺山千代子　一六〇〇円

ハイデガーと地球：環境哲学論考
―危機と逆説の淵での思索の開示　マックフォーター、ステンスタット編　長谷敏夫監訳　佐賀啓男・比奈地康晴共訳　三八〇〇円

芸術体験の転移効果
―最新の科学が明らかにした人間形成の真実　C・リッテルマイヤー著　遠藤孝夫訳　二〇〇〇円

ハーバード・プロジェクト・ゼロの芸術認知理論とその実践
―内なる知性とクリエティビティを育むハワード・ガードナーの教育戦略　池内慈朗　六五〇〇円

とがびアートプロジェクト
―中学生が学校を美術館に変えた　編集代表茂木一司　二四〇〇円

協同と表現のワークショップ【第2版】
―学びのための環境のデザイン　編集代表茂木一司　二四〇〇円

演劇教育の理論と実践の研究
―自由ヴァルドルフ学校の演劇教育　広瀬綾子　三八〇〇円

サンタクロースの島
―地中海岸ビザンティン遺跡発掘記　浅野和生　二三八一円

アメリカ映画における子どものイメージ―社会文化的分析　K・M・ジャクソン著　牛渡淳訳　二六〇〇円

福永武彦論―「純粋記憶」の生成とボードレール　西岡亜紀　三二〇〇円

スチュアート・ホール―イギリス新自由主義への文化論的批判　牛渡亮　二六〇〇円

心身の合一――ベルクソン哲学からキリスト教へ　中村弓子　三三〇〇円

石原慎太郎の社会現象学――亀裂の弁証法　森元孝　四八〇〇円

石原慎太郎とは？
―戦士か、文士か―創られたイメージを超えて　森元孝　一六〇〇円

三島由紀夫の沈黙――その死と江藤淳・石原慎太郎　伊藤勝彦　二五〇〇円

芸術は何を超えていくのか？　沼野充義編　一八〇〇円

芸術の生まれる場　木下直之編　二〇〇〇円

文学・芸術は何のためにあるのか？　岡田暁生・吉岡洋編　二〇〇〇円

※定価：表示価格（本体）＋税
〒113-0023　東京都文京区向丘1-20-6　TEL 03-3818-5521　FAX03-3818-5514
Email tk203444@fsinet.or.jp　URL:http://www.toshindo-pub.com/